JESUS

O PROFETA DIVINO

PAIVA NETTO

JESUS

O PROFETA DIVINO

Quarto volume de "O Apocalipse de Jesus para os Simples de Coração"

Uma coleção que esclarece e conforta

8ª edição
revista e ampliada pelo autor

ELEVAÇÃO

Produção editorial: *Equipe Elevação*
Revisão: *Equipe Elevação*
Impressão: *Mundial Gráfica*
Capa: *Alziro Braga*
Projeto gráfico e diagramação: *Helen Winkler*
Imagem da capa: *A pesca milagrosa, de Raffaello Sanzio*
Fotos: *Arquivo Elevação (As fotos das páginas 11, 39, 83, 97, 107, 115, 161, 219, 237, 247, 277, 287, 297, 317, 327, 337, 348, 360 e 386 pertencem à Shutterstock.com.)*

A primeira edição desta obra foi publicada em 2011.

Depósito legal na Biblioteca Nacional conforme
Decreto nº 1.825, de 20 de dezembro de 1907.

Dados Internacionais de Catalogação na Publicação (CIP)
(Câmara Brasileira do Livro, SP, Brasil)

Paiva Netto
Jesus, o profeta divino / Paiva Netto. — São Paulo : Elevação, 2011. — (Coleção O Apocalipse de Jesus para os Simples de Coração)

Bibliografia
ISBN 978-85-7513-207-4

1. Bíblia. N.T. Apocalipse — Comentários
2. Jesus Cristo 3. Profecias I. Título. II. Série.

11-08920 CDD-228.07

Índices para catálogo sistemático:

1. Apocalipse : Comentários 228.07

ISBN 978-85-7513-207-4

Rua Doraci, 90 — Bom Retiro — São Paulo/SP — Brasil
CEP 01134-050 — Tel.: (11) 2836-6478
www.elevacao.com.br — sac@elevacao.com.br

Sumário

Nota dos editores:

Confira, a partir da página 360, extratos da obra *As nações caminham na direção do Espírito,* com trechos de entrevistas marcantes de Paiva Netto em diversas ocasiões, a exemplo das concedidas ao jornalista italiano radicado no Brasil Paulo Parisi; à jornalista Ana Serra, de Lisboa, Portugal; e ao escritor brasileiro Alcione Giacomitti.

Tratado do Novo Mandamento de Jesus

A ESPIRITUALMENTE REVOLUCIONÁRIA ORDEM SUPREMA DO DIVINO MESTRE REPRESENTA O DIFERENCIAL DA RELIGIÃO DE DEUS, BASE DE TODAS AS AÇÕES E PROGRAMAS SOCIOEDUCACIONAIS DA ORGANIZAÇÃO.

Ensinou Jesus, o Cristo Ecumênico, o Profeta Divino:

"Novo Mandamento vos dou: Amai-vos como Eu vos amei. Somente assim podereis ser reconhecidos como meus discípulos, se tiverdes o mesmo Amor uns pelos outros. O meu Mandamento é este: que vos ameis como Eu vos tenho amado. Não há maior Amor do que doar a própria Vida pelos seus amigos. E vós sereis meus

amigos se fizerdes o que Eu vos mando. E Eu vos mando isto: amai-vos como Eu vos amei. Já não mais vos chamo servos, porque o servo não sabe o que faz o seu senhor. Mas tenho-vos chamado amigos, porque tudo quanto aprendi com meu Pai vos tenho dado a conhecer. Não fostes vós que me escolhestes; pelo contrário, fui Eu que vos escolhi e vos designei para que vades e deis bons frutos, de modo que o vosso fruto permaneça, a fim de que tudo quanto pedirdes ao Pai em meu nome, Ele vos conceda. E isto Eu vos mando: que vos ameis como Eu vos tenho amado. Porquanto, da mesma forma como o Pai me ama, Eu também vos amo. Permanecei no meu Amor".

(Tratado do Novo Mandamento de Jesus, reunido por Paiva Netto, consoante o Evangelho do Cristo de Deus segundo João, 13:34 e 35; 15:12 a 17 e 9º.)

*"Se esta obra é de homens,
não triunfará. Mas se é de Deus, não a
combatais, pois estareis combatendo o
próprio Deus."*

Gamaliel
(Atos dos Apóstolos de Jesus, 5:38 e 39)

"Respondendo Pedro e João aos sinedritas, disseram: 'Não podemos deixar de falar daquilo que vimos e ouvimos. (...) Importa antes agradar a Deus que aos homens'."

(Atos dos Apóstolos de Jesus, 4:19 e 20 e 5:29)

Do autor

Neste livro e nas demais obras que tenho lançado, não pretendo ser dono da Verdade, apenas desejo expressar aquilo que penso ser bom para os que me honram com a leitura.

Esta não é uma peça com aspirações literárias, mas somente o resultado de tantas conversas minhas com os Simples de Coração*.

* **Simples de Coração** — Quando se refere a esse termo, Paiva Netto não faz distinção de classe social, nível cultural, preferência política, aspecto físico. Fala à inteligência do coração, riqueza inestimável do Espírito que o autor denomina Simplicidade de Coração, Simplicidade de Alma.

Boa Vontade e Justiça

"Paga-se a Bondade com a Bondade,
e o mal com a Justiça."

Confúcio (551-479 a.C.)

Vejam bem o que disse o velho filósofo chinês: que o mal se paga com a Justiça. Ele não falou em vingança ou corrupção.

Paiva Netto

Prefácio do autor

Tempo de repensar no divã

Jesus, o Profeta Divino é mais uma contribuição aos que discutem seriamente o tema profético acerca do Fim dos Tempos.

O Cristo, os profetas bíblicos, os vates das religiões e muitos pesquisadores, crentes ou ateus, cada um a seu modo, falam sobre ou analisam a possibilidade de uma grande mudança ou monumental reforma em tudo o que conhecemos como sociedade e aspecto físico deste orbe.

Apresento aqui despretensiosamente elementos dessas transformações. Elas se realizarão, creiamos nós ou não creiamos nelas? Quando?! 2012?![*1], 2057?!, 2060?!, 3797?! Num futuro mais distante?! Quem o sabe acertadamente?... Deixo o remate porém à reflexão dos estimados leitores.

Querem matar sem sustos as suas dúvidas?

---

*1 **2012** — Sobre a previsão do Calendário Maia para o ano de 2012, leia a análise do mestre em astrologia Ricardo Lindemann, na página 190.

Como incentivo, recordo-lhes esta passagem do Apocalipse, 1:3:

> — *Bem-aventurados aqueles que leem e aqueles que ouvem as palavras da profecia deste Livro e guardam as coisas nele escritas, pois **o tempo está próximo.***

O que significa esse **próximo**?

Verifiquem as explicações no capítulo "A questão espiritual do tempo", constante desta obra, a partir da página 247, bem como nos outros volumes de "O Apocalipse de Jesus para os Simples de Coração": *As Profecias sem Mistério, Somos todos Profetas* e *Apocalipse sem Medo.*

O Tempo das grandes mudanças, no entanto, está em pleno curso. Elas são irreversíveis, desde as simples às mais complexas.

Quanto à Terceira Guerra Mundial, Alziro Zarur (1914-1979) dizia ser ela inevitável e que *"o último Armagedom apocalíptico terá origem espiritual e não puramente econômica"*.

Muitos estremecem ante a perspectiva da escassez e do alto preço dos alimentos; da falta de água potável; do fim do petróleo; da explosão populacional; do aquecimento global; do ferimento da camada de ozônio; do inominável aborto, do qual tantos não percebem a gravidade, razão por que me sinto compelido a fraternalmente alertá-los[*2]; do covarde

*2 Leia sobre o tema no capítulo "Pela Vida", na p. 351.

bullying; do lamentável consumo cada vez maior de bebidas alcoólicas por adolescentes; da tragédia das drogas a ceifar tantas vidas, consumindo a mocidade[*3] e trazendo desespe-ração às famílias; do sexo desvairado e inconsequente; das repulsivas pedofilia e efebofilia; da forte queda da umidade relativa do ar, afetando garganta, narinas, olhos, cabeça — os pais das crianças que o digam... —, entre outras ameaças.

Ainda sobre as diversas datas que assinalam "o fim do mundo", o planeta Terra sempre restará, porque a idade de sua extinção é muito longínqua em termos humanos[*4]. Entretanto, existem épocas em que ocorrem transformações

---

Nota do autor

[*3] **Apocalipse, 8:7** — *"O primeiro Anjo tocou a trombeta, e houve saraiva e fogo de mistura com sangue, e foram atirados à terra.* ***Foi, então, queimada*** *a terça parte da terra, e das árvores, e também* ***toda grama verde****"*, cuja interpretação, para muita gente, significa a juventude, e já há algum tempo podem-se incluir as crianças nisso. Basta acompanhar os noticiários.

[*4] Veja "Sempre haverá sobreviventes", na p. 175.

mais profundas que em outras. Por exemplo, em 2001, a queda das Torres Gêmeas do World Trade Center, em Nova York (EUA), pela dor deu início a uma grande alteração no orbe. Mas o que está mudando e o que não está mudando?

No caso da Economia, os indicadores apontam anos difíceis. Daí ser imprescindível a enxergarmos como a mais espiritual das ciências, no sentido mais amplo da Fraternidade Ecumênica. A Economia precisa descobrir o espírito altruístico.

O ser humano, com seu Espírito Eterno, é o centro da Economia Altruísta

Na entrevista que concedi, em 10 de outubro de 1981, ao meu velho amigo **Paulo Parisi Rappoccio**, jornalista italiano radicado no Brasil, reitero:

(...) O ser humano, com seu Espírito Eterno, é o centro da Economia Altruísta, a geratriz de todo o progresso. Sem ele, não há o trabalho nem o capital.

A riqueza de um país está no coração do seu povo. No entanto, nações inteiras ainda sofrem miséria. Convém lembrar que barrigas vazias e Espíritos frustrados geralmente não estão dispostos a ouvir. (...)

Numa época em que pelo avanço da tecnologia as expectativas de produção ficam ultrapassadas, a fome é realmente um escândalo! Não somente a do corpo, como também a de conhecimento, isto é, Educação espiritualizada, sem a qual nenhum povo é forte. Anacronicamente, nunca o mundo conheceu, por um lado, tanta fartura e, por outro, tanta penúria. Está faltando Solidariedade à Economia. Até que o último dos seus filhos tenha as condições mínimas para uma vida digna, país algum será independente, mas apenas escravo das limitações que a si mesmo se impõe. Os impedimentos de ordem interna são mais prejudiciais ao progresso de sua gente que os de ordem externa (...). Se um povo não se prepara, como vencerá?

Profundas reformas

Vejam o que ocorre, agora mesmo, no campo econômico-financeiro, por consequência social, a partir da mais potente nação da Terra na atualidade, os Estados Unidos, sem falar na Europa. O capitalismo está se repensando no divã, pelo qual ainda passa o socialismo.

Ilustração: William Luz

Zarur costumava declarar, há mais de cinquenta anos, que o poder se tornaria fluídico nas mãos dos poderosos e, assim, escaparia entre os dedos deles.

Hoje, século 21, os Estados nacionais flagrantemente não têm mais a força de outrora. Poder-se-ia afirmar que "o mundo está à beira de um precipício". Mas isso é um velho chavão. Todavia, certos conceitos vão mudar de forma profunda. Aliás, já estão sendo revistos.

Vivemos tempos de crise, e esta sempre implica alguma transformação, no decorrer dela ou em seguida. Diante dessa conjuntura terráquea e espiritual, é mais que urgente que estudemos as previsões de **Jesus, o Profeta Divino**. Para isso, criei a série "O Apocalipse de Jesus para os Simples de Coração".

Paiva Netto
Inverno de 2011
Hemisfério Sul

Apresentação dos editores

Um livro que esclarece e conforta

O tema "Apocalipse" ficou por séculos envolto por um ar de medo e mistério. Muitos não se atreviam a abrir o último livro da Bíblia Sagrada. Em 4 de março de 1949, iniciava-se, a partir do Rio de Janeiro/RJ, Brasil, para o mundo, um importante trabalho de elucidação sobre esse preponderante assunto: Alziro Zarur (1914-1979), radialista carioca, abria o programa *Hora da Boa Vontade*, na Rádio Globo, com a leitura do Apocalipse de Jesus. Logo se tornou um fenômeno para o rádio brasileiro. Eram os primórdios do pensamento socioeducacional, de Caridade Completa (material e espiritual), da Legião da Boa Vontade (LBV), que seria fundada a 1º de janeiro de 1950, Dia da Paz e da Confraternização Universal.

Paiva Netto, sucessor do saudoso fundador da Instituição, dando prosseguimento a esse espírito de vanguarda — de descortinar o Conhecimento Divino às massas famintas de esclarecimento espiritual —, apre-

Paiva Netto inicia informalmente a sua pregação de "O Apocalipse de Jesus para os Simples de Coração", na antiga cantina da Boa Vontade, do Instituto de Educação da LBV, em São Paulo/SP, em outubro de 1990.

sentou aos ouvintes, em especial aos de Alma humilde presentes em todas as classes sociais e étnicas, diversas séries radiofônicas, a exemplo de "Apocalipse para o Povo", "Apocalipse e Profecias" e, em particular, uma de grande abrangência e popularidade: "O Apocalipse de Jesus para os Simples de Coração", que foi ao ar pela Super Rede Boa Vontade de Rádio de outubro de 1990 a fevereiro de 1992, alcançando a marca de mais de 450 programas. Nessas preleções de improviso, ele analisa, com justeza, *"o livro mais importante das Escrituras Sagradas da atualidade"*, no dizer de Zarur.

Enquanto pregava, Paiva Netto viajava a trabalho. Foram muitas as cidades em que realizou, nos mais diversos ambientes, a céu aberto, em auditórios e até cozinhas, suas palestras acerca do Apocalipse para o rádio e para a TV, entre elas Brasília/DF, Belo Horizonte/MG,

Paiva Netto comanda as festividades de aniversário do TBV, em Brasília/DF, com transmissão via satélite para o mundo. O TBV é o monumento mais visitado da capital do Brasil.

Curitiba/PR, Florianópolis/SC, Maringá/PR, Rio de Janeiro/RJ, São Paulo/SP e Glorinha/RS; e, no exterior, Londres, Inglaterra; Paris, França; Roma, Itália; Santa Maria de Arnoso — Porto, Portugal; Buenos Aires, Argentina; e Nova York, Estados Unidos.

Em outubro de 2008, 18 anos após o primeiro programa de "O Apocalipse de Jesus para os Simples de Coração", ocorriam no Templo da Boa Vontade (TBV), em Brasília/DF, Brasil, as comemorações dos 19 anos do monumento mais visitado da capital brasileira, aclamado pelo povo uma das Sete Maravilhas da cidade. O líder da LBV, fundador do Templo da Paz — por ele inaugurado em 21 de outubro de 1989 —, comandava o "Encontro das Duas Humanidades", com a presença de milhares de peregrinos do país e do exterior, que superlotavam a Nave do TBV e demais ambientes. Em tão oportuna ocasião, o autor deste livro lançava a edição nº 98 da prestigiada revista *Jesus Está Chegando*[*1]. A capa trazia a bela representação artística do cavaleiro do Apocalipse montado no cavalo branco, com um arco na mão e uma coroa, que *"saiu vencendo e para vencer"* (Apocalipse, 6:2), emblemática obra de autoria de **Sátyro Marques**, que integra o Memorial Alziro Zarur, conforme determinou o construtor da Pirâmide das Almas Benditas.

E, para efusiva alegria dos que acompanhavam aquela sessão solene, a publicação da Religião de Deus, a Religião Ecumênica do Brasil e do mundo, foi escolhida como veículo de propagação das históricas pregações. E o primeiro artigo, intitulado "Jesus, o Profeta Divino", dá origem ao título desta obra que você, prezado leitor, tem em mãos.

Estudioso dos temas bíblicos há mais de cinco décadas, Paiva Netto é conhecido como um dos maiores pregadores da atualidade, autor com mais de 4,7 milhões de livros vendidos, dos quais 1,6 milhão apenas da coleção da qual faz parte agora *Jesus, o Profeta Divino* e que ainda reúne as obras *As Profecias sem Mistério*, *Somos todos Profetas* e *Apocalipse sem Medo*; os três primeiros volumes tiveram destaque em importantes

[*1] **Revista Jesus Está Chegando** — Em 27 de fevereiro de 1982, Paiva Netto lançava a primeira edição da revista, em Congresso Legionário na cidade de Campinas/SP, Brasil. A publicação não só marcou o começo de uma nova etapa de desenvolvimento doutrinário da Religião do Amor Universal, como também se tornou, nos anos seguintes, um dos principais veículos da Comunicação 100% Jesus.

bienais e feiras literárias do país e no mundo, tendo sido traduzidos para diversos idiomas.

Publicadas em jornais, revistas e livros, as preleções ganharam aqui novos comentários do autor, que manteve no texto o estilo do pregador que fala à audiência. Daí o valor realçado desse trabalho, pois imprimir ao escrito o calor do improviso é tarefa para exímio estilista[*2], que vence a dificuldade natural de transferir ao papel a entonação, seja solene, séria ou humorística — componentes que frequentam os discursos do eloquente orador. Trata-se, sobretudo, de um bate-papo fraterno, com a mensagem que nasce do coração dele e se destina ao coração do público.

Em *Jesus, o Profeta Divino*, quarto volume da coleção, os leitores prosseguem com o autor na análise de importantes assuntos relacionados aos capítulos iniciais do último livro do Cânone Sagrado, como a abrangente Visão dos Glorificados, o Rebanho Único de Jesus, o Poder e a Autoridade do Cristo, Profecias e Lei de Causa e Efeito, aquecimento global, profetas laicos, livre-arbítrio e determinismo, entre tantos outros. Com abordagem pormenorizada, esmiuçando o sentido das letras para além da perspectiva meramente material, mas alçando nosso pensamento à visão espiritual dos acontecimentos explicitados pelo Divino Mestre, Paiva Netto mantém sempre a tônica de que

*2 "*Paiva Netto é um exímio estilista, sempre em dia com as novas*" — Definição do eminente professor, jurisconsulto e tratadista **José Cretella Júnior**.

— o Apocalipse não foi feito para apavorar com os caminhos obscuros do mistério, mas para iluminar as estradas da nossa vida, porque Apocalipse significa Revelação. E, como é Revelação, mostra-nos o que estava oculto. E, se descobrimos o que estava encoberto, perdemos o temor das coisas. O desconhecimento é o pai e a mãe da ignorância, a geradora do medo.

Na opinião dos leitores, o escritor é capaz de simplificar a linguagem simbólica do texto profético e, assim, facilitar seu entendimento. Como destacou o jornalista e editor **J. Pascale**:

— A coleção [O Apocalipse de Jesus para os Simples de Coração] foi escrita na linguagem de um jornalista e para ser entendida.

Nesse trabalho, o Texto Sagrado é tratado como prosa de excelente qualidade. Ele nos apresenta, com hábil conhecimento, o raciocínio segundo o qual a mensagem reveladora do Apocalipse se faz presente em todos os textos sagrados da Humanidade, entre eles a Bíblia, desde o Antigo ao Novo Testamento.

Outrossim, a utilização, por parte do escritor, de depoimentos alertadores de personalidades históricas dos mais diferentes segmentos — entre eles, os chamados profetas laicos, o que tira do Livro Divino o estigma de obra visionária sem nenhum sentido prático na vida dos povos — merece especial atenção. Nesse contexto, a Ciência tem papel fundamental, contribuindo para confirmar que vivemos, de fato, o Fim dos Tempos e se faz necessário agirmos rapidamente em defesa de nossa moradia planetária.

A imagem da mitologia grega que retrata a saga de **Teseu** para sair do labirinto do **Minotauro**, guiado pelo fio de **Ariadne**[*3], serve ao autor de analogia para explicar a preocupação dele em reunir em suas obras os mais distintos pensadores, conforme podemos ler em seu livro *Cidadania do Espírito*:

> — *Exemplificando que a Boa Vontade é o elo de sapiência que nos une como Seres Espirituais e Terrenos, porque a Vida na Terra começa no Céu, exponho em meus livros o pensamento de tanta gente dos múltiplos redis, porquanto existe um fio de Ariadne, que, se fielmente observado, nos livra da terrível escuridão da caverna do insaciável Minotauro*[*4]*, da ilha de Creta da submissão e do*

[*3] e [*4] **O fio de Ariadne e o Minotauro** — Da mitologia grega, apresentamos Ariadne. Filha de **Minos**, rei de Creta, governante cruel que dominou Atenas com mão de ferro. Ele exigia todo ano que sete rapazes e sete moças atenienses fossem oferecidos em sacrifício ao Minotauro. O monstro mítico, com cabeça de touro e corpo de homem, era mantido por Minos num labirinto complexo do qual ninguém conseguia sair com vida. Contudo, diz a lenda, um jovem herói de nome Teseu, filho do rei **Egeu** e de **Etra**, infiltrou-se entre os que seriam sacrificados, com o fito de matar o Minotauro. Já em Creta, Ariadne apaixonou-se por Teseu. Para que o moço ateniense fugisse do labirinto após matar a besta, ela lhe deu um novelo de linha, que ele desenrolou ao embrenhar-se na toca do monstro. Após destruí-lo, Teseu e Ariadne fugiram, mas a princesa foi deixada por ele na ilha de Naxos, onde mais tarde ela se casou com **Dionísio**, o deus do vinho.

sacrifício humano, conduzindo-nos até à claridade que nos liberta do cativeiro da ignorância que, de uma forma ou de outra, a todos nos oprime. E esse fio de Ariadne é o Novo Mandamento de Jesus, a respeito do qual eu já disse ser o fio milagroso que une as partes anacronicamente separadas do organismo sociedade.

Adendo único

Talismã Divino

Durante os dias que antecederam o lançamento desta obra na 15ª Bienal Internacional do Livro do Rio de Janeiro (de 1º a 10 de setembro de 2011), quando foi consagrada entre os títulos mais vendidos dessa grande festa da cultura na América Latina, a manifestação dos Espíritos se fez presente. Eles exaltaram o alto conteúdo espiritual deste trabalho, batizando-o de "Talismã Divino", nas mensagens recebidas pelo sensitivo Legionário da Religião de Deus **Chico Periotto**:

— *A expressão **Jesus, o Profeta Divino** resgata a Divindade do Mestre. Portanto, define que Sua Paragem é de Outro Mundo, e não da Terra. Se Jesus é proveniente do Divino, então, realçada está Sua Vida e Obra entre os homens e mulheres reencarnados. (...) Sem dúvida,*

(*Adendo único*)

este livro abre os poros do conhecimento materializante e faz erigir, em plenitude, os mais belos sonetos de sabedoria e humildade. (...) Lutamos pela união dos bons e por seus avanços no planeta. E Jesus, o Profeta Divino *contribui decisivamente para este perfeito avanço.*

Dr. Adolfo Bezerra de Menezes Cavalcanti

— *Este livro chama a atenção para Jesus, a maior das Esperanças. (...) A Esperança está por trás do livro, está na frente do livro, está dentro do livro, está em todo o livro* Jesus, o Profeta Divino. *A Esperança que não pode morrer... Não é isso, Irmão de Paiva? (...) Este é um livro que vem em nome do Pai, do Filho e do Espírito Santo. É um livro que pode até servir para exorcizar, para abençoar o ambiente. Ele tem esse poder. É um Talismã Divino.*

Flexa Dourada

Vamos, portanto, ao hercúleo trabalho do autor para levar a todos a decifração do Apocalipse de Jesus, em Espírito e Verdade à luz do Novo Mandamento do Cristo: *"Amai-vos como Eu vos amei. Somente assim podereis ser reconhecidos como meus discípulos"* (Evangelho de Jesus segundo João, 13:34 e 35).

Os editores

Sátyro Marques

Jesus, o Profeta Divino

Partes de I a IX

Jesus, o Profeta Divino — I

Desafio à nossa inteligência

O Apocalipse é uma Revelação de Deus, por intermédio de Jesus, o Profeta Celeste, o Cristo Ecumênico, o Estadista Sublime, não de João Evangelista. João foi, como dizia Alziro Zarur, *"o médium psicógrafo"*. Consequentemente, o repórter que, em êxtase, vislumbrou coisas tão extraordinárias num Plano Divino — outra dimensão de Espaço/

Alziro Zarur (1914-1979) — Nasceu na cidade do Rio de Janeiro/RJ, Brasil, no Natal de Jesus de 1914. →

→Jornalista, radialista, escritor, poeta, ativista social e grande pregador da Palavra de Deus, fundou a Legião da Boa Vontade (LBV), em 1º de janeiro de 1950 (Dia da Confraternização Universal), e brilhantemente presidiu-a até a sua passagem para o Plano Espiritual, em 21 de outubro de 1979. Polêmico e carismático, de forma popular e inovadora pregava com muito entusiasmo o Evangelho e o Apocalipse de Jesus, **mas não *"ao pé da letra que mata"*** (Segunda Epístola de Paulo aos Coríntios, 3:6), contudo, em Espírito e Verdade à luz do Novo Mandamento do Cristo Ecumênico, o Divino Estadista (ver p. 9). Zarur foi também o grande Proclamador do Ecumenismo Irrestrito e do Ecumenismo Total no mundo, tese que já sustentava desde a adolescência, quando lançou os fundamentos de sua Cruzada de Religiões Irmanadas, uma antecipação do relacionamento inter-religioso.

Tempo — que, ao tentar transpor dessa esfera de luzes o que vira para as dimensões finitas, só o pôde fazer por meio de símbolos. Não lhe foi possível relatar de modo supinamente claro aquilo a que seus olhos empobrecidos pela vibração da carne haviam se desacostumado.

De certa forma, essa dificuldade enfrentada pelo Evangelista-Profeta*[1] enriqueceu a nossa vida, porque nos provocou o raciocínio. Levou-nos a clarear a mente, para que o nosso Espírito possa — vendo o que João assistiu e alcançando o que por ele foi transmitido — iluminar-se das riquezas do Reino de Deus, da importância e da **realização impecável** de suas profecias.

Ouçamos o elucidativo recado do grande Ezequiel, 12:25, no Antigo Testamento da Bíblia Sagrada:

— Diz o Senhor: Porque Eu sou o Senhor Deus, falarei, e a palavra que Eu disser ***se cumprirá. Não***

*[1] **Evangelista-Profeta** — João, por ter relatado as palavras e exemplos de Jesus no quarto **Evangelho Canônico** e registrado as **Profecias** do Apocalipse, era chamado, mui apropriadamente, por Alziro Zarur, de Evangelista e Profeta ou Evangelista-Profeta.

será mais adiada*; pois em nossos dias, ó casa rebelde, pronunciarei a palavra e a cumprirei.*

A Parte Divina da Bíblia

Aqui, porém, é necessária uma explicação crucial, apresentada pelo saudoso Proclamador da Religião de Deus[*2], Alziro Zarur, por mim publicada em *O Brasil e o Apocalipse*, volume III, no tocante à Palavra Santa que se concretizará:

A Escritura não pode falhar

P — Ouvi o senhor dizer, no Programa Alziro Zarur, que a Bíblia tem uma ***parte humana e uma Parte Divina****. Quer explicar?*

R — Os esclarecimentos fundamentais estão na "Mensagem de Jesus para os Sobreviventes". Leia o que disse o Cristo na Oração ao Pai: "Quando Eu estava com eles, sempre os protegi, e nenhum deles se perdeu, exceto o filho da perdição, ***para que se cumprisse a Escritura****". Isto é, para que se cumprisse a profecia da traição de Judas, que está no Velho Testamento da Bíblia Sagrada.*

---

*2 **Religião de Deus** — Também denominada Religião do Novo Mandamento, Religião do Terceiro Milênio e Religião do Amor Universal. Trata-se da Religião Ecumênica do Brasil e do mundo (www.religiaodedeus.org.br).

Moisés

Isaías

Que temos de ver, em primeiro lugar? O Apocalipse de Jesus, segundo João, explica por que Jesus falou assim. No capítulo 19, versículo 10, encontramos a chave: "O testemunho de Jesus é o espírito de profecia". É que ***a Profecia é a Parte Divina da Bíblia.***

Os Evangelistas e os Apóstolos que aparecem como autores do Novo Testamento sempre se referem às ***Profecias*** *do Velho Testamento. O próprio Jesus, dando a palavra final ao assunto, destaca os profetas do Antigo Testamento, a começar por Moisés, dizendo: "A Escritura não pode falhar". Realmente, as Profecias (cumpridas à risca) são a prova da sua origem divina. Daí as expressões dos autores do Novo Testamento: "Como afirmou o profeta... Está escrito... Para se cumprir a Escritura". O próprio Cristo disse, falando de Isaías: "Hoje se cumpre em mim esta profecia".*

Ninguém se iluda: se a Bíblia está de pé até hoje, resistindo ao materialismo iconoclasta, é porque suas

Profecias se cumpriram e se cumprem completamente. As Profecias deste Fim de Ciclo também se estão cumprindo, com exatidão matemática. Nenhuma falhou. Nem uma só falhará.

E, no *Livro de Deus*, ainda transcrevi esta palavra de Zarur:

— *A Bíblia Sagrada tem uma parte humana e uma PARTE DIVINA. Seus erros, na parte humana, são consequência natural do estado evolutivo dos seus autores. "A Bíblia Divina por princípio, a Boa Vontade por base, o Novo Mandamento por fim." A Pedra Filosofal, velho sonho da Humanidade, é o Novo Mandamento de Jesus: transforma os mais vis metais humanos em ouro puríssimo.*

Como numa Prece

Neste despretensioso estudo, que dá continuidade às obras anteriores, Vocês poderão notar o nosso cuidado em reunir diversas citações de muitos intérpretes do Apocalipse. Apesar de diferenças conceituais, a Fonte de Inspiração é idêntica, porquanto **acima de tudo somos filhos de um único Pai**, logo, do mesmo Amor, da mesma Verdade. Razão pela qual escrevi em *Paz para o Milênio*, especialmente elaborada para a Conferência de

A plateia aplaude de pé a mensagem do diretor-presidente da LBV, intitulada "Paz para o Milênio", durante a conferência de cúpula na sede das Nações Unidas, em Nova York (EUA), em agosto de 2000. À direita, o dr. Pedro de Paiva, aos microfones da ONU.

Cúpula da Paz Mundial para o Milênio, evento promovido pelas Nações Unidas (ONU), em agosto de 2000, na sede da Organização em Nova York, EUA: Mais fortes são os fatores que nos unem do que a irreflexão que eventualmente nos separe.

Ora, este é, sem dúvida, o caminho para que possamos sentir — estando na Terra ou no Céu da Terra, pois **os mortos não morrem** — esta descrição alentadora que João, o Profeta Evangelista, faz do mundo ideal a que todos aspiramos, qualquer que seja a nossa etnia, religião, ideologia, ou o que mais o seja, que devemos ler como quem profere uma comovida prece:

A Visão dos Glorificados[*3]

9 Depois destas coisas olhei, e eis grande multidão que ninguém podia enumerar, de todas as nações, tribos, povos e línguas, em pé diante do trono e diante do Cordeiro de Deus, trajando vestiduras brancas, com palmas nas suas mãos;

10 e clamava com grande voz, dizendo:

Ao nosso Deus, que se assenta no trono, e ao Divino Cordeiro pertence a salvação.

11 E todos os Anjos estavam de pé em derredor do trono, e dos anciãos, e dos quatro seres viventes: e ante o trono se prostraram sobre os seus rostos e adoraram a Deus,

12 dizendo: Amém. Bênção e claridade, e o louvor, e a glória, e a sabedoria, e ações de graça, e a honra, e o poder, e a fortaleza sejam ao nosso Deus pelos séculos dos séculos. Amém.

13 Um dos anciãos tomou da palavra, dizendo: Estes que trajam vestiduras brancas quem são e de onde vieram?

14 Respondi-lhe: Meu Senhor, Tu o sabes. Ele, então, me disse: São estes os que vêm da grande tribulação, que lavaram suas vestiduras e as alvejaram no sangue de Cristo Jesus,

15 razão por que se acham diante do trono de Deus e O servem de dia e de noite no Seu Templo;

*[3] **A Visão dos Glorificados** — O tema foi também tratado por Paiva Netto em suas obras *Somos todos Profetas* e *As Profecias sem Mistério*, da coleção "O Apocalipse de Jesus para os Simples de Coração", que vendeu mais de 1,6 milhão de exemplares e da qual ainda fazem parte os livros *Apocalipse sem Medo* e, agora, *Jesus, o Profeta Divino*. Igualmente, o autor abordou o importante assunto em muitos programas entre séries, prédicas ao vivo, reuniões públicas e palestras feitas de improviso para o rádio e a televisão.

e Aquele que se acha sentado no trono estenderá sobre eles o Seu tabernáculo, e habitará sobre eles.

16 Jamais terão fome, nunca mais terão sede, não cairá sobre eles o sol, nem ardor algum,

17 pois o Cordeiro de Deus que se encontra no meio do trono os apascentará e os guiará para as fontes da água da Vida Eterna. E Deus lhes enxugará dos olhos toda lágrima (Apocalipse de Jesus, o Cristo Ecumênico, o Divino Estadista, 7:9 a 17).

Apocalipse não é terror, é chamada à responsabilidade

Sobre a realidade confortadora e salvífica da Profecia de Deus, o sacerdote católico chileno **Pablo Richard**, licenciado em Sagrada Escritura pelo Pontifício Estudo Bíblico de Roma e doutor *honoris causa* de Teologia da Faculdade Livre de Teologia Protestante de Paris, inspiradamente concluiu:

— *O Apocalipse nos revela o sentido da história para manter vivas a esperança e a utopia, não para semear o medo e o terror.*

Em 3 de abril de 1991, na cidade do Rio de Janeiro/RJ, tive a oportunidade de, pregando, dirigir-me aos que me honravam com a sua atenção:

A Profecia serve para alertar, fortalecer e dar esperança. Ela assusta apenas os que não a querem estudar sob a Intuição de Deus, os quais, por isso, vivem atemorizados.

O Apocalipse não foi feito para apavorar com os caminhos obscuros do mistério, mas para iluminar as estradas da nossa vida, porque Apocalipse significa Revelação. E, como é Revelação, mostra-nos o que estava oculto. E, se descobrimos o que estava encoberto, perdemos o temor das coisas. O desconhecimento é o pai e a mãe da ignorância, a geradora do medo.

Ao nosso encontro vêm essas confortadoras palavras da destemida religiosa mineira **Madre Teresa de Jesus [do Brasil]** (1898-1982)[*4]:

> — *A nossa dimensão profética tem que ser capaz de dar uma resposta que o tempo pede. E essa resposta tem que aparecer mesmo no meio de muita dor e contradição. Não podemos ser covardes.* ***O medo não vem de Deus.*** *É na fortaleza do Espírito Santo que está a nossa coragem.* (O destaque é nosso.)

[*4] Em sua obra *O livro de Madre Teresa de Jesus — Petrópolis, Juiz de Fora, Itaguaí*, a jornalista **Marisa Marega** denomina a saudosa carmelita mineira de Madre Teresa de Jesus [do Brasil].

Iluminar estradas

O Apocalipse não foi feito para apavorar com os caminhos obscuros do mistério, mas para iluminar as estradas da nossa vida, porque Apocalipse significa Revelação.

Sátyro Marques

A Visão dos Glorificados e o Rebanho Único

Antes de prosseguir com a Revelação Profética de Jesus para os Simples de Coração, percebo a necessidade de tecer um rápido comentário sobre A Visão dos Glorificados (Apocalipse, 7:9 a 17) — constante, na íntegra, do 1º capítulo —, que **fotografa o Rebanho Único prometido pelo Cristo Ecumênico, o Divino Estadista**.

Alziro Zarur, em 1º de outubro de 1972. Era o início do 16º Congresso da Boa Vontade de Deus e 4º Congresso do Apocalipse de Jesus, em Ribeirão Preto/SP, Brasil. Nesta data histórica, ele fez a Proclamação do Apocalipse. À direita, de pé, Paiva Netto, que o secretariava.

Recordo-me de um trecho da mensagem de Alziro Zarur, em 1º de outubro de 1972, durante a Proclamação do Apocalipse de Jesus, feita por ele, em Ribeirão Preto/SP, Brasil, acerca do assunto:

— *(...) Não condenamos os que rejeitam a tese das Religiões Irmanadas como roteiro para o Rebanho Único; mas o que julgamos acintoso, no ceticismo de certos pregadores sectários, é que teimam em não discernir* ***onde termina o poder dos homens e onde começa o Poder de Deus****. Deveriam ser mais pruden-*

tes e mais fraternos, mais humildes e mais lúcidos: se Jesus afirmou que ***haverá um só Rebanho para um só Pastor****, que é Ele mesmo, sabia perfeitamente o que estava dizendo. Saibam como, ou não o saibam, os chefes espirituais, o Rebanho Único é uma realidade. A nenhum cristão, digno deste nome, é lícito pôr em dúvida a palavra do Fundador e Supremo Governante da Terra. A todos os escarnecedores só nos cumpre dizer: Irmãos e Irmãs, o Rebanho Único não foi formado no Evangelho que vocês leram,* ***mas no Apocalipse que vocês não entenderam****; pois,* ***na verdade, já está formado no Reino de Deus****.*

Com estas palavras, Zarur, grande pregador, conceituou a **Visão dos Glorificados**. Contudo, não teve tempo de vida material para aprofundar esse tema alentador aos que trabalham por reunir neste orbe o Rebanho Único de Jesus, o Cristo Ecumênico, o Divino Estadista. Eis a nossa tarefa. Infelizmente, alguns, ao discorrerem sobre os 144 mil selados (Apocalipse segundo João, 7:1 a 8), acreditam que essa passagem se refira somente ao povo de Israel. Mas e os outros?

O Profeta Isaías, em seu livro no Velho Testamento, 60:8, antecipa essa discussão, ao apresentar a "Glória de Jerusalém":

— *Quem são estes que vêm voando como nuvens, e como pombas às suas janelas?*

Por isso mesmo, não cabe aqui, por incongruente, uma visão exclusivista acerca do que nos relata o Profeta de Patmos, o médium do Apocalipse. Esquecem-se alguns de ler e analisar, logo em seguida, a Visão dos Glorificados, que é amplíssima. Não disse Zarur que o Rebanho Único já está formado *"no Apocalipse que vocês não entenderam"*? E é lá, no Céu, que João Evangelista observa e relata, após descrever a selagem dos 144 mil de Israel, que se vê perante uma

> — *grande multidão que* ***ninguém podia enumerar****, de* ***todas*** *as nações, tribos, povos e línguas, em pé diante do trono e diante do Cordeiro de Deus, trajando vestiduras brancas, com palmas nas suas mãos* (Revelação de Jesus, 7:9).

Nada mais, nada menos, multidão **justamente constante** da Visão dos Glorificados, **que ocorre, antes de tudo, no Céu**.

Supremo Ligador do Céu à Terra

O capítulo 21 do Livro das Profecias Finais narra a descida da Nova Jerusalém, trazendo até nós ***"a Paz que o mundo não vos pode dar"****[1]. Portanto, que o

*[1] Evangelho segundo João, 14:27.

mundo não nos oferta. Mas Jesus concede aos que a anseiam, visto que Ele é realmente **o Médium de Deus, isto é, o Supremo Ligador do Céu à Terra**.

Escreveu **Emmanuel** em *Mediunidade e Sintonia*[*2]:

> — *Lembremo-nos de que nós outros, os aprendizes do Evangelho, estamos em torno do* ***Médium de Deus, que é Jesus****, há quase dois mil anos, não mais qual Tomé, sondando-Lhe as chagas, mas na posição de discípulos redivivos, que procuram e encontram, não a figuração material do Senhor, mas a Sua palavra de vida eterna, estruturada no espírito imperecível em que se lhe gravaram os ensinamentos imortais.* (O destaque é nosso.)

Determinismo Divino

O sempre lembrado Proclamador do Ecumenismo Irrestrito e Total,

*2 Psicografia de Chico Xavier.

Emmanuel — Guia espiritual do saudoso médium brasileiro Francisco Cândido Xavier (1910-2002). Acompanhou-o desde as primeiras manifestações mediúnicas. Emmanuel, por intermédio desse famoso sensitivo, é autor de obras importantes, a exemplo de *Há 2.000 Anos* e *50 Anos Depois*, ambas transformadas em radionovelas por iniciativa de Paiva Netto, alcançando grande audiência na Super Rede Boa Vontade de Rádio e posteriormente lançadas em CDs, pela Editora Elevação, em parceria com a FEB. O mesmo ocorreu com as obras *Nosso Lar* e *Sexo e Destino* (de André Luiz, Espírito), obtendo igual sucesso.

Alziro Zarur, publicou em *Mensagem de Jesus para os Sobreviventes*[*3], na 17ª Chave Bíblica da Volta Triunfal de Jesus, Rei dos reis, Senhor dos Exércitos, "Gog e Magog: a liquidação do comunismo ateu. O fim do capitalismo e da falsa democracia", o seguinte:

> — ***Quem poderia implantar neste planeta a verdadeira Paz? Só Jesus, e mais ninguém.*** *E Ele o fará neste fim de ciclo, mostrando aos líderes do mundo que, muito acima do seu determinismo histórico, permanece para sempre o* ***Determinismo Divino****. (...)*

E completou na Chave 20, "Fim dos Tempos — Fim de Roma, do Anti-Cristo e das bestas — Fim de satanás e seus anjos":

> — ***Nenhum homem, nenhum grupo forte, nenhum povo, nenhuma nação superpotência, comunista ou capitalista, poderá estabelecer Paz na Terra.*** *Isto é obra pessoal e intransferível de Jesus. Somente o Cristo tem poder — no Céu e na*

[*3] **Mensagem de Jesus para os Sobreviventes** — Livro que Alziro Zarur lançou em 10 de dezembro de 1974, em Glorinha, hoje desmembrada do município de Gravataí/RS, Brasil. Paiva Netto, após o falecimento do fundador da Legião da Boa Vontade, em 21/10/1979, batizou a grande obra da LBV, no Rio Grande do Sul, com o nome de Lar e Parque Alziro Zarur, hoje Centro Comunitário de Assistência Social Alziro Zarur, chamado também de Templo da Natureza e da Criança.

Daniel

Terra — para realizar essa maravilha. E Ele o fará, ***quando descer do alto uma pedra, cortada sem auxílio de mãos humanas, para ferir a estátua nos pés de ferro e de barro*** (Daniel, 2:45: O sonho de **Nabucodonosor**). ***Este acontecimento está próximo: ainda não se concretizou.***

Jesus, o Profeta Divino, anuncia o Rebanho Único

O próprio Jesus profetiza a formação do Rebanho Único para um só Pastor, *"que é Ele mesmo"*, como ensina Zarur.

Quem tiver dúvida leia a seguir:

> *15 Assim como o Pai me conhece, Eu também conheço o Pai, e dou a minha vida pelas ovelhas.*
>
> *16 Ainda tenho outras ovelhas, que não são deste aprisco. A mim me convém conduzi-las. Elas ouvirão a minha voz.* ***Então, haverá um só Rebanho e um só Pastor*** (Evangelho segundo João, 10:15 e 16).

Profeta Divino

Jesus é o Médium de Deus, isto é, o Supremo Ligador do Céu à Terra.

Sátyro Marques

Jesus, o Profeta Divino — III

O Poder de Jesus para abrir o Livro

No resumo profético feito por Emmanuel, em *A Caminho da Luz*[*1], acerca dos presságios dos videntes do Antigo Testamento, encontramos algumas das razões que justificam o Divino Mérito de Jesus para abrir os selos do Apocalipse:

*1 Psicografia de Chico Xavier.

Dele asseveraram os profetas de Israel, muito tempo antes da manjedoura e do calvário: — "Levantar-se-á como um arbusto verde, vivendo na ingratidão de um solo árido, onde não haverá graça nem beleza. Carregado de opróbrios e desprezado dos homens, todos Lhe voltarão o rosto. Coberto de ignomínias, não merecerá consideração. É que Ele carregará o fardo pesado de nossas culpas e de nossos sofrimentos, tomando sobre si todas as nossas dores. Presumireis na Sua figura um homem vergando ao peso da cólera de Deus, mas serão os nossos pecados que O cobrirão de chagas sanguinolentas e as Suas feridas hão de ser a nossa redenção. Somos um imenso rebanho desgarrado, mas, para nos reunir no caminho de Deus, Ele sofrerá o peso das nossas iniquidades. Humilhado e ferido, não soltará o mais leve queixume, deixando-se conduzir como um cordeiro ao sacrifício. O Seu túmulo passará como o de um malvado e a Sua morte como a de um ímpio. Mas, desde o momento em que oferecer a Sua vida, verá nascer uma posteridade e os interesses de Deus hão de prosperar nas Suas mãos".

O Cristo Ecumênico, o Divino Estadista, foi, por excelência — como já explicamos em detalhes em *As Profecias sem Mistério,* integrante desta coleção —, o Único a ter primazia para desatar os Selos do Livro (Apocalipse, 5:1 a 14), que se achava lacrado por dentro e por fora, para apenas ser aberto no **Tempo do Fim** (como na Profecia de Daniel (12:4) foi anunciado)*[2], provavelmente este que estamos vivendo. **Já pensaram nessa questão?**

O mundo não vai acabar

Porém, **todo término determina um início**. Por isso, o mundo não vai acabar, a não ser que nós, os **seres humanos** inquietos, o precipitemos a tal destino. E mais, o que pode extinguir-se ou diminuir muito o número é a **raça humana**. O orbe, não. A não ser que um grande corpo celeste bata nele. E não estou sendo pessimista, em relação aos fatos vindouros, até porque o próprio Apocalipse, **que é de Deus**, finaliza com um brado à Vida (22:20 e 21):

> *20 Aquele que dá testemunho destas coisas **diz: Certamente venho sem demora.** Amém. **Ora vem, Senhor Jesus!***
>
> *21 A graça de Nosso Senhor Jesus Cristo seja com todos vós para todo o sempre. Amém.*

Quanto a tudo o que está anunciado, fiquemos tranquilos, pois o Profeta Divino está no comando. **Ora, como Jesus gloriosamente volta, retorna para alguma coisa que continua existindo, o planeta Terra.**

*[2] **Profecia de Daniel** — Leia na página 65.

Jesus desata os selos

Stanley M. Horton, teólogo evangélico, em *A vitória final — Uma investigação exegética do Apocalipse*, a respeito do Poder de Jesus para descerrar os selos, testifica:

— *Somente Ele é digno de desatar os selos do livro da ira de Deus. Cumpre as profecias do Antigo Testamento referentes ao Dia do Senhor, trazendo tanto o julgamento como a restauração. Ele reivindica a justiça divina e completa a consumação do grande plano redentivo de Deus. Todavia, é ainda o Cordeiro de Deus no último e derradeiro cumprimento do governo divino na nova Jerusalém, no novo céu e na nova terra.*

Novo Céu e nova Terra

Ora, repetindo, para fixarmos bem: se Jesus voltará, com certeza o planeta não sucumbirá. Assim seja! (A rima é proposital.)

Guardem bem o que João descreve, no primeiro versículo do capítulo 21:

— *E vi novo Céu e nova Terra, porque o primeiro céu e a primeira terra passaram, e o mar já não existe.*

Puxa! Que mudança vem por aí!

Se o Evangelista-Profeta declara que viu *"um novo Céu"*, igualmente o faz ao certificar *"e uma **nova Terra**"*. Entretanto, para o que desejará abrir nossos olhos, ao manifestar que *"o mar já não existe"*? (Os oceanos são uma enormidade! Basta lembrar que correspondem a cerca de 70% da superfície terrestre.) Levantem suas considerações sobre o referido ponto. Pode parecer difícil, todavia não o é. Peçam o apoio dos seus Anjos da Guarda, na decifração desses chamados mistérios:

> — *Mas nos dias da voz do sétimo Anjo, quando ele estiver para tocar a trombeta, cumprir-se-á então o mistério de Deus, conforme Ele anunciou aos Seus servos, os Profetas* (Apocalipse, 10:7).

A respeito do auxílio que sempre podemos receber dos Céus, cabe aqui este trecho do recado em linguagem popular do Irmão Flexa Dourada, de 5 de julho de 2008, sábado, Rio de Janeiro/RJ, Brasil, que reproduzi na seção "Salve, Jesus!", da revista *Jesus Está Chegando* nº 102:

Diálogo, única saída para a Humanidade

> — *Então, pensem assim: "Cadê meus Amigos Espirituais, cadê meus Anjos da Guarda? Oi, está todo mundo aí? Estão? Então **vamos juntos fazer o***

> ***trabalho de Jesus!*** *O que Vocês querem que eu faça?".* ***Conversem com os Espíritos de Luz, e os Espíritos de Luz vão se aproximando. Têm de falar com eles! Conversem com eles sempre! Todo mundo fazendo isso, eles vão se aproximando mesmo! A grande saída para o mundo é o Ecumenismo.*** (Os destaques são nossos.)

É como falar com seus Anjos da Guarda.

Trata-se do Ecumenismo das Duas Humanidades, a da Terra e a do Céu da Terra, de que lhes falo em "Os Quatro Pilares do Ecumenismo", tema abordado em meu livro *Reflexões da Alma*[*3].

Os Anjos Guardiães, como os Anjos da Sexta e da Sétima Trombetas, existem e nos querem ajudar. Aguardo as conclusões de Vocês. Não desejo pregar sozinho. Voltaremos, juntos, ao assunto.

No prestigioso jornal *O Paiz*, escreveu, no século 19, o médico, político e taumaturgo brasileiro dr. Bezerra de Menezes[*4] (1831-1900):

[*3] **Reflexões da Alma** — *Best-seller* do escritor Paiva Netto, a obra, editada pela Elevação, já vendeu mais de 400 mil exemplares e é sucesso também em Portugal, onde foi lançada pela Editora Pergaminho. Durante o 8º Congresso Pan-americano de Esperanto, realizado de 9 a 14 de junho de 2011, em São Paulo/SP, Brasil, foi apresentada a versão do livro no idioma de **Zamenhof** (1859-1917), alcançando enorme sucesso e repercussão em centenas de países. Adquira o seu: 0300 10 07 940.

[*4] As palavras do dr. Bezerra estão registradas no livro *Espiritismo, Estudos Filosóficos*, volume II, no capítulo "103 — O Juízo Final". Editora FAE, 2001.

— Quando um mundo (um planeta) tem, por sua evolução material, subido a um grau superior, na escala do progresso material dos mundos, ficando, assim, em desequilíbrio com as condições de seus habitantes, que não tenham feito igual progresso moral, alguma coisa é preciso, para se cumprir a lei da indispensável correspondência entre as leis material e moral de cada mundo.

Se assim não fora, teríamos mundos adiantados com habitantes atrasados, e mundos atrasados com habitantes adiantados, o que é contra a sublime ordem posta por Deus.

Em tais casos, dá-se o que as Escrituras denominaram — fim do mundo: do mundo moral, e não do material.

O planeta continua mudando, apenas, de condição; subindo de ordem, passando, por exemplo, de mundo de expiação, como é a Terra e muitos outros, a mundo de regeneração, como são os que lhe es-

Dr. Bezerra de Menezes

tão acima, e a que deve ser nossa aspiração subirmos, porque neste se faz o progresso humano, por entre risos e flores, e não mais a custo de dores e torturas, como no purgatório.

O planeta, pois, continua, não acaba, como acreditam os que interpretam as Escrituras pela letra (...).

Juízo Final é, em Espírito e Verdade, a separação ou distinção dos que têm o toque para acompanharem o planeta em sua [nova] ascensão, e dos que não o têm.

Ainda sobre *"o novo Céu e a nova Terra"*, trago a Vocês a palavra do padre **Flávio Cavalca de Castro**, missionário redentorista:

— *O céu, a terra, o mundo em que vivemos, as nossas realidades todas passaram, nada mais existe, somente nós e Deus. Caíram todos os céus, todas as paredes. Desapareceu tudo quanto era acessório, as nossas grandes e as pequenas preocupações e conquistas. Sobramos nós. O mar já não existe. O mar que era para os antigos o resto do caos primitivo, do vazio, da confusão e do nada existentes antes da criação. O mar que simbolizava as forças da desordem, do mal e da morte. Tudo isso deixa agora definitivamente de existir, porque estamos diante de uma nova criação, a realização definitiva das promessas divinas. Agora tudo será diferente, como se Deus criasse um novo céu e uma nova terra. Estaremos vivendo uma situação nova, um mundo novo.*

Zarur explicava que um proprietário inteligente não vai destruir a moradia (no caso, o mundo) por causa de maus inquilinos, mas, sim, afastá-los dela[*5]. É justo.

Galileu Galilei

Profecia de Daniel

A Profecia trazida a Daniel por expressão de Gabriel, o Anjo, anteriormente citada, encontra-se no capítulo 12, versículo 4º, do seu livro no Antigo Testamento da Bíblia Sagrada:

> — *E tu, Daniel, fecha estas palavras e sela este livro,* ***até ao fim do tempo****; muitos correrão de uma parte para outra,* ***e a ciência se multiplicará****.*

E aí está, diante de nossos olhos, a multiplicação da Ciência, principal-

*5 **A moradia e os maus inquilinos** — Outros esclarecimentos em "A Humanidade do Absinto", de Paiva Netto, artigo publicado no primeiro volume de *O Brasil e o Apocalipse*.

mente desde, digamos, o início da Era Moderna, 1453, data da queda de Constantinopla, sob as armas de **Maomé II** e seus janízaros[*6]. Na verdade, quem deu o grande pontapé para a partida da extraordinária ciência contemporânea foi **Galileu Galilei** (1564-1642). Aquele que disse:

— *Não me sinto obrigado a acreditar que o mesmo Deus que nos dotou de sentidos, razão e intelecto pretenda que não os utilizemos.*

A 12ª Chave Bíblica da Volta de Jesus, publicada por Zarur em 1974, dedica-se ao tema "Multiplicação do saber no mundo inteiro: o progresso alucinado destes últimos anos".

Comenta o Proclamador da Religião de Deus:

— *(...) Mas a verdade é que o saber se multiplicou. Só nesta segunda metade do século 20, a Ciência criou maravilhas que a Humanidade jamais imaginou ver e ouvir. (...)*

Nota do autor

[*6] **Janízaros** — Eram principalmente crianças e jovens cristãos dos Bálcãs, sequestrados e convertidos ao Islã pelos otomanos para o serviço militar. Eles então os transformavam em guerreiros inigualáveis e sanguinários. Sendo a elite da infantaria, quando entravam em batalha, a guerra já estava perdida para o inimigo.

Giovanni Battista Tiepolo

Jesus, o Profeta Divino — IV

Rompendo barreiras

Alguém que me honra com sua audição e leitura talvez mentalmente me indague:

— *De onde virá tanta inspiração para entender o Livro[*1]?*

Provérbios, 2:6, responde ao confiante perquiridor:

*1 **O Livro** — Citando um personagem fictício, o autor refere-se ao Livro das Profecias Finais, como Alziro Zarur chamava o Apocalipse.

— *Porque o Senhor Deus dá a sabedoria, e da Sua boca vêm a inteligência e o entendimento.*

É o Criador, portanto, que nos oferta essa Inspiração. E não somente a mim, mas a Você, àquele outro, àquela outra, àquele grupo, àquela devoção, **e não impede nem aos irmãos ateus o acesso às Profecias**. Deus distribui o Seu conhecimento a todas as consciências.

Jesus afirma que veio trazer Sua cura aos que dela necessitam — Evangelho segundo Marcos, 2:17:

— *Não vim para os sãos, mas para, em nome do Pai Celestial, curar os enfermos.*

No entanto, cada um o absorve e o transmite de acordo com a capacidade própria e a experiência de suas vidas. Ensinou Zarur, na Proclamação do Novo Mandamento de Jesus, em 7 de setembro de 1959, que

— *há tantas religiões quantos são os graus evolutivos da criatura humana, conforme a soma de suas encarnações.*

Porém, até mesmo aí, de acordo com sua integração pessoal no Pai Celeste. Não basta o número de vidas sucessivas, **contudo o que fazemos com elas**. Há quem espiritualmente amadureça mais depressa que os outros. Repetidas vezes, a Consciência de Deus, essa luz feérica que não cria sombra, ao iluminar a muitos, sofre a constringência das mentes obscurecidas pela tarda conduta humana na craveira comum da existência terrena. Todavia, a Verdade sempre abre caminhos, rompe barreiras, derruba muros, porque é de Deus[*2]. Acrescento a esse comentário o conforto do Divino Mestre ao garantir:

Martha de Deus

> — *Não deveis temer quando estiverdes diante dos tribunais, porque não sereis vós quem falareis, mas o Espírito Santo que falará por vós* (Evangelho de Jesus segundo Marcos, 13:11).

Por isso, não receiem pregar a Palavra Divina, o Evangelho-Apocalipse do Cristo, *"diante dos tribunais"* da vida cotidiana. Testemunhá-Lo significa aplicar em tudo o libertador ensinamento Dele.

Oportuna a palavra abalizada da grande **Martha de Deus**, que afirma,

[*2] **A Verdade e Deus** — Disse Jesus, na Sua Oração Sacerdotal: *"Pai, santifica-os na Verdade,* ***a Tua Palavra é a Verdade****"* (Evangelho segundo João, 17:17). É desta Verdade que nos fala Paiva Netto.

em seu livro *Respeitem esse homem (Alziro Zarur)*, em 1963:

— *A maior, mais real e verdadeira deferência de Amor e adoração a Deus é procurar levantar e elevar as almas para que elas se tornem estojos dignos da Onipresença que nelas habita.*

Realmente, e esta é a verdadeira missão do Apocalipse: mostrar às criaturas humanas e espirituais o resultado do desrespeito à Lei Divina, ao mesmo tempo que os eleva em Amor e honradez. Eis a grande tarefa da Profecia de Deus, que basicamente não é a de assustar.

Interpretação não literal das Sagradas Escrituras

Afirma o Profeta Oseias, em seu livro, 6:6:

— *Porque Eu quero misericórdia e não sacrifício; e o conhecimento de Deus, mais do que holocaustos.*

Jesus, no Evangelho segundo João, 12:47, assegura:

— *Se alguém ouvir as minhas palavras e não as guardar, Eu não o julgo, porque não vim para condenar o mundo, mas para salvá-lo.*

E o Evangelista Lucas ainda registrou nas suas anotações, 19:10, esta afirmativa do Cristo Ecumênico, o Divino Estadista:

— *Porque o Filho de Deus veio buscar e salvar o perdido.*

A Bíblia Sagrada é o Livro de um Deus que é Amor (Primeira Epístola de João, 4:8). Como então estudá-la e pregá-la senão pelo prisma desse Sentimento Supremo, acerca do qual disse Jesus, ao se referir ao Seu Mandamento Novo?

— *Não há maior Amor do que doar a própria Vida pelos seus amigos* (Evangelho segundo João, 15:13).

Portanto, a Obra Divina não pode ser interpretada consoante os conceitos intransigentes da cólera. Seria o desvario dos desvarios. Infelizmente, o ódio religioso é o mais letal de todos.

Paulo Apóstolo, como sempre estamos lembrando, ensinava que

— *A letra mata, mas o Espírito vivifica* (Segunda Epístola aos Coríntios, 3:6).

A interpretação da Bíblia ao pé da letra já matou, em vez de salvar, milhões e milhões de seres humanos. Mesmo hoje, repercute esta triste indagação de Deus:

— *Caim, que fizeste de teu irmão, Abel?* (Gênesis, 4:10)

Aos fiéis e perseverantes seguidores

Ora, de fato o Apocalipse é uma Revelação do Provedor Celeste aos Seus perseverantes seguidores a respeito do que viria a acontecer, como vem ocorrendo **e se dará sem falhas**.

Adverte o Profeta Isaías, 46:9 a 13:

> *9 Lembrai-vos das coisas passadas desde a Antiguidade, porque Eu sou Deus, e não há outro; Eu sou Deus, e não há outro semelhante a mim;*
>
> *10 que* ***anuncio o fim desde o princípio, e desde a Antiguidade as coisas que ainda não sucederam****; que digo:* ***O meu conselho subsistirá, e farei toda a minha vontade****;*
>
> *11 chamando do oriente uma ave de rapina, e dum país remoto o homem do meu conselho; sim,* ***Eu o disse, e o cumprirei; formei esse propósito, e também o executarei****.*
>
> *12 Ouvi-me, ó duros de coração, os que estais longe da justiça.*
>
> *13 Faço chegar a minha justiça;* ***e ela não está longe, e a minha salvação não tardará****; mas estabelecerei a salvação em Sião, e em Israel*[*3] *a minha glória.*

Tudo! Tudo! Tudo!

De fato, tudo o que foi anunciado por Deus será cumprido. Tudo! Tudo! Tudo!

Entretanto, unicamente aqueles que se esforçam por ter ***"olhos de ver e ouvidos de ouvir"*** percebem essa perfeita atuação do Planejamento Celeste em plena marcha, **que independe das decisões humanas favoráveis a ele ou não**. Se semearmos, colheremos, portanto, o que houvermos plantado de bom ou de ruim.

Mas **todos** que se tornarem escolhidos ou não terão a oportunidade de contemplar Jesus, para alegria ou tristeza, no momento triunfal de Sua Volta.

— *E todos os olhos O verão, incluídos os daqueles que O traspassaram* (Apocalipse, 1:7).

O que é o carma

Alguns ainda se espantam com a palavra **carma**. E precipitadamente reclamam:

*[3] **Israel** — Mais informações em "O Israel de Deus", de Paiva Netto, constante de suas obras *O Brasil e o Apocalipse* (volume III) e *Somos todos Profetas* (a partir da página 159, 44ª edição). Este último, com *As Profecias sem Mistério*, *Apocalipse sem Medo* e agora *Jesus, o Profeta Divino*, faz parte da coleção "O Apocalipse de Jesus para os Simples de Coração", que já vendeu mais de 1,6 milhão de exemplares. Façam seus pedidos pelo Clube Cultura de Paz. Ligue para: 0300 10 07 940 (horário comercial).

— *Ih! É coisa para a gente pagar!*

Não é bem assim! **Carma**[*4], em resumo, quer dizer **causa e efeito, motivo e consequência**. Logo, o seu carma só será mau a partir de causas ruins. Desse modo, só poderá obter resultados negativos. No entanto, se forem apropriadas, as implicações corresponderão em intensidade àquele gérmen que Você tiver cultivado.

Confirma o Amigo Sublime, no Apocalipse, o que ensinara no Evangelho:

> — *Eis que venho sem demora, e comigo está o galardão que tenho para retribuir a cada um* ***segundo as suas obras*** (22:12).

Assim, Jesus totalmente exercerá na Terra o Poder que possui no Alto sob a incorruptível Lei de Deus, quando o Sétimo Anjo tocar a trombeta, e se ouvirem no Céu grandes vozes, dizendo:

> — *O reino do mundo se tornou de nosso Deus e do Seu Cristo, e Ele reinará pelos séculos dos séculos. Amém* (Apocalipse, 11:15).

No desenrolar de nosso estudo, continuaremos a discorrer acerca da Autoridade Divina, expressa no

[*4] **Carma** — A lei de causalidade moral aceita no Budismo, Hinduísmo, Jainismo, seitas esotéricas e em religiões espiritualistas ocidentais.

último livro da Bíblia Sagrada, o Apocalipse, que o Governante Celeste recebeu para concretizar Sua Missão entre povos e nações, até que todos, supremamente comovidos, sejamos testemunhas do que é relatado no versículo sétimo do capítulo primeiro do mais importante compêndio bíblico da atualidade:

> — *Eis que Jesus vem com as nuvens, e todos os olhos O contemplarão, até mesmo os daqueles que O traspassaram. E todas as nações da Terra se lamentarão sobre Ele. Sim. Amém.*

Bendito sejas Tu, ó Jesus, o Profeta Divino!

Poder Celeste

Jesus totalmente exercerá na Terra o Poder que possui no Alto sob a incorruptível Lei de Deus, quando o Sétimo Anjo tocar a trombeta, e se ouvirem no Céu grandes vozes, dizendo: *"O reino do mundo se tornou de nosso Deus e do Seu Cristo, e Ele reinará pelos séculos dos séculos. Amém"* (Apocalipse, 11:15).

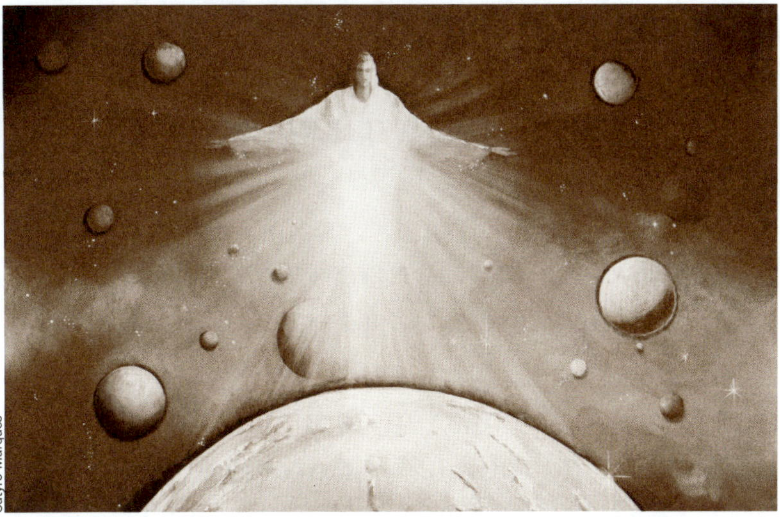
Sátyro Marques

Jesus, o Profeta Divino — V

A Autoridade de Jesus

— *Revelação de Jesus, o Cristo, que Deus Lhe deu para mostrar aos Seus servos as coisas que em breve devem acontecer* (Apocalipse segundo João, 1:1).

Ora, ao mesmo tempo, nesse texto notável, que é uma **Revelação** vinda de Deus, sobre os fatos que *"em breve devem acontecer"*, o **Profeta Divino** apresenta-se a nós, Humanidade, na expressão do quarto Evangelista e médium do Livro das Profecias Finais, como realmente é, para dar ao Apocalipse, **de público**, o aval de Sua extraordinária Autoridade.

Leiamos com atenção o que anotou o Evangelista-Profeta, no Apocalipse, 1:5:

— *Jesus Cristo, a Fiel Testemunha, o Primogênito dos mortos e o Soberano dos reis da Terra.*

Diante disso, advém, como reforço, a pergunta:

De que magnitude é a **Autoridade** do Divino Mestre, a qual, conforme vimos, permitiu-Lhe nos trazer de Deus o Livro?

Ele mesmo a exprime no Seu Evangelho consoante João, 10:30:

— *Eu e o Pai* ***somos Um***.

Seguindo o raciocínio, sendo Jesus e o Pai **UM**, tem Ele a Autoridade do próprio Deus na Terra, da qual é coautor.

E nos versículos 37 e 38 desse capítulo, após combater a incredulidade dos fariseus, ao lhes declarar que Deus O santificara e O enviara ao mundo para servi-Lo como Filho do Altíssimo (versículo 36), Jesus reitera Sua palavra ao afirmar:

— *Se não faço as obras de meu Pai, não me acrediteis; mas, se as faço, e não me credes, crede pelo menos por causa das minhas obras; para que possais compreender que o Pai está em mim, e que Eu estou no Pai.*

Deus e Jesus são, por conseguinte, a **Rocha** sobre a qual podemos confiantemente construir e de forma segura aprender os Ditames Sublimes.

Alcançamos, assim, a abrangência do motivo por que Moisés, na Escritura Ancestral, inspirado pelo Criador, no seu cântico a toda a congregação de Israel, aconselha no Deuteronômio, 32:1 a 4:

1 Inclinai os ouvidos, ó céus, e falarei; e ouça a terra as palavras da minha boca.
2 Goteje a minha doutrina como a chuva; destile a minha palavra como o orvalho, como chuvisco sobre a relva e como gotas de água sobre a erva.
3 Porque proclamarei o nome do Senhor. Engrandecerei o nosso Deus!
*4 Eis a **Rocha**; Suas obras são perfeitas, porque todos os Seus caminhos são juízos; Deus é fidelidade, e não há Nele injustiça; é reto e justo.*

Razão pela qual o Divino Mestre repisou a necessidade de se edificar **sobre a Rocha, que é o Pai Celestial**, e Ele mesmo, posto que são UM.

Idalina Cecília de Paiva

Logo em seguida, no versículo 5º, referindo-se a certos hebreus daquele tempo, que descumpriram a aliança de Abraão com a Divindade, Moisés admoesta:

— *Procederam corruptamente contra Ele; já não são Seus filhos, e, sim, suas manchas; é geração perversa e deformada.*

Para sacudir as mentes acomodadas

Parece violência de Moisés?! Mas não é! Bastas vezes é forçoso sacudir o entendimento acomodado das criaturas.

Quando eu era bem pequenino, ouvi de minha saudosa mãe, **Idalina Cecília de Paiva** (1913-1994), este raciocínio, que é um forte alerta para a vida:

— *É melhor a repreensão dos pais do que a agressão do mundo.*

Portanto, em se tratando do Pai Celestial, a extensão desse pensamento é infinita.

Não se esqueçam da peroração do Cristo, no Evangelho (segundo Mateus, 17:17), quando **repreende** nada mais, nada menos que **Seus próprios discípulos** por não terem fé suficiente para curar um lunático. Comovido que ficara com o desespero do pai do jovem obsidiado, Ele brada:

— *Ó geração incrédula e perversa! Até quando estarei convosco? Até quando vos suportarei?*

A Rocha

Deus e Jesus são a Rocha sobre a qual podemos confiantemente construir e de forma segura aprender os Ditames Sublimes.

Jesus, o Profeta Divino — VI

A Ciência, o prato de lentilhas e o efeito estufa

No Apocalipse (Quarto Flagelo, 16:8 e 9), é com milenar antecedência descrito o aquecimento global, **apressado pela semeadura humana**.

> *— 8 O quarto Anjo derramou a sua taça sobre o sol, e lhe foi dado afligir os homens com calor e fogo.*

O Anjo derrama a sua taça sobre o sol não porque ele seja, usando uma linguagem popular, doido varrido, um tirano que se compraz no sofrimento das massas. Há um significado fácil de entender: são as mazelas humanas que **enchem e fazem transbordar** o conteúdo da taça do quarto Anjo sobre o sol. E, por esse fato, vem a aflição para as criaturas com calor e fogo.

> — *9 Com efeito, os homens se queimaram com o intenso calor* (ardor do sol), *e* ***blasfemaram o nome de Deus****, que tem a autoridade sobre estas pragas,* ***e não se arrependeram para Lhe darem glória****.*

Por sua vez, o já citado dr. Stanley M. Horton, teólogo evangélico, em *A vitória final — Uma investigação exegética do Apocalipse*[*1], discorrendo a respeito do Anjo da Quarta Taça (Apocalipse, 16:8 e 9), diz:

> — *Para os crentes, "o Senhor Deus é Sol e Escudo", trazendo boas coisas (Sl 84:11)*[*a]*, Jesus é o Sol da Justiça que traz salvação e cura (Ml 4:2)*[*b]*. Nesta*

[*1] — **Para melhor entendimento, transcrevemos aqui as passagens bíblicas destacadas pelo dr. Horton em seu livro:**

[*a] (Sl 84:11): *"Porque o Senhor Deus é um Sol e Escudo: o Senhor dará graça e glória; não negará bem algum aos que andam na retidão".*

[*b] (Ml 4:2): *"Mas para vós, que temeis o meu nome, nascerá o sol da justiça, e salvação trará debaixo das suas asas; e saireis, e crescereis como os bezerros do cevadouro".*

dispensação, temos visto a ambos — ***a bondade e severidade de Deus****. Através destas, Deus leva os homens ao arrependimento (Rm 11:22)*[*c]*. Mas o povo atingido por esta praga rejeita tanto a bondade como a severidade de Deus. Ao escolher a seguir Satanás, o Anticristo e o Falso Profeta, os homens sacramentam as mentiras do diabo (2 Ts 2:10)*[*d]*. Eles amam as trevas e rejeitam a luz da verdade. Sua condição contrasta com a dos santos que, nesta hora, estarão no céu, onde estarão a salvo do ardor do sol (Ap 7:16)*[*e]*. Eis um aviso àqueles que, embora hajam ouvido a verdade do Evangelho, persistem obstinadamente em continuar nos seus caminhos perversos.* (O destaque é nosso.)

A camada de ozônio ferida

Com isso, os homens — não o Anjo do Céu, que é, no caso, apenas um cobrador do carma montado pelos

[*c] (Rm 11:22): *"Considera, pois, a bondade e a severidade de Deus: para com os que caíram, severidade; mas para contigo, a benignidade de Deus, se permaneceres na sua benignidade; de outra maneira, também tu serás cortado".*
[*d] (2 Ts 2:10): *"E com todo o engano da injustiça para os que perecem, porque não receberam o amor da verdade para se salvarem".*
[*e] (Ap 7:16 e 17): *"Jamais terão fome, nunca mais terão sede, não cairá sobre ele o sol, nem ardor algum, pois o Cordeiro de Deus que se encontra no meio do trono os apascentará e os guiará para as fontes da água da vida. E Deus lhes enxugará dos olhos toda lágrima".*

seres terrenos — tornam-se **fator preponderante** da fomentação do aquecimento global, estourando com a proteção que nos é oferecida pela camada de ozônio.

Quando corajosas personalidades do planeta, pesquisadores e estudiosos de todos os matizes, atreviam-se a alertar para o perigo já em andamento, quantos os combateram, entre eles alguns mercenários, desmentindo-os! Não que todos os investigadores contrários à realidade do fenômeno da distorção climática assim o sejam. Falamos aqui dos "pesquisadores", entre aspas mesmo, porque há os que são genuinamente bem-intencionados. Embora possuam opinião diversa, não se vendem por um prato de lentilhas (ou por lá o que seja) como fez Esaú, ao transferir a Jacó o seu direito de primogenitura (Gênesis, 25:29 a 34):

Jacó, Esaú e o prato de lentilhas

> *29 Tinha Jacó feito um cozinhado, quando, enfraquecido, veio do campo Esaú,*
>
> *30 e lhe disse: Peço-te que me deixes comer um pouco desse cozinhado vermelho, pois estou faminto. Daí chamar-se Edom* (que significa vermelho).
>
> *31 Disse Jacó: Vende-me primeiro o teu direito de primogenitura.*
>
> *32 Ele respondeu: Estou a ponto de morrer; de que me aproveitará o direito de primogenitura?*

33 Então, disse Jacó: Jura-me primeiro. Ele jurou e vendeu o seu direito de primogenitura a Jacó.
34 Deu, pois, Jacó a Esaú pão e o cozinhado de lentilhas; ele comeu e bebeu, levantou-se e saiu. Assim, desprezou Esaú o seu direito de primogenitura.

Esaú e Jacó, *obra de Michel Corneille (1630).*

A taça

O Anjo derrama a sua taça sobre o sol não porque ele seja, usando uma linguagem popular, doido varrido, um tirano que se compraz no sofrimento das massas. Há um significado fácil de entender: são as mazelas humanas que enchem e fazem transbordar o conteúdo da taça do quarto Anjo sobre o sol. E, por esse fato, vem a aflição para as criaturas com calor e fogo.

Sátyro Marques

JESUS, O PROFETA DIVINO — VII

Coveiros da economia planetária

Método de estudo

Estamos analisando o primeiro capítulo do Apocalipse de Jesus neste bate-papo com os Simples de Coração. Contudo, muita vez, é essencial, tendo em vista os episódios que ocorrem hoje em todo o planeta, recorrermos a outras passagens do Livro das Profecias Finais, que esclareçam, de imediato, a Humanidade que continua distraída a respeito de alguns acontecimentos urgentes. Daí permanecermos, um pouco mais, comentando trechos do capítulo 16; porém, em função do inicial.

> *8 O quarto Anjo derramou a sua taça sobre o sol, e lhe foi dado afligir os homens com calor e fogo.*
>
> *9 Com efeito, os homens se queimaram com o intenso calor* (ardor do sol), *e blasfemaram o nome de Deus que tem a autoridade sobre estas pragas, e não se arrependeram para Lhe darem glória* (Apocalipse de Jesus, O Quarto Flagelo, 16:8 e 9).

No capítulo anterior, vimos que certos pesquisadores negam acontecimentos manifestos da precipitação da mudança do clima na Terra, apontada por diversos outros estudiosos. E aí separamos dois grupos: os que são verdadeiramente bem-intencionados, que com seus estudos tentam desmentir os que têm observado o avanço funesto do desequilíbrio no meio ambiente. Entretanto, há também os que são provavelmente insuflados pelos que desejam manter o *status quo* da economia avassaladora de nem sempre tão apreciáveis interesses nacionais e internacionais. Os do segundo grupo andam esquecidos de que poderão cavar, isto sim, a possível sepultura planetária da economia; ou então projetam as consequências do efeito estufa para daqui a, pelo menos, 100 anos. Estou com quase

50[*1], já vi muita coisa neste mundo. E desde pequeno escuto negativas a fatos consumados, como fizeram com o uso pernicioso do fumo, que gente de renome afirmava não provocar malefícios nem mesmo portar elementos que estimulassem o vício. Isso resultou, e resulta, em incontáveis multidões de enfermos e mortos, situação dramática que onera o bom andamento econômico dos países. Aquelas rejeições à verdade, partindo de pessoas competentes e acima de toda suspeita, são, nos dias de hoje, na semelhança, aberração flagrante na presença de transformações climáticas. Estas aceleradas pelo mau comportamento humano sobre o solo da Terra, percebidas até pelos mais simples, pois de modo óbvio sem demora vêm se dando.

Ora, não obstante os homens estarem se queimando com *"o intenso calor"* (vejam o problema de câncer de pele[*2] e o de tanto agrotóxico na alimentação), eles *"blasfemaram o nome de Deus que tem a autoridade sobre estas pragas"* (16:9). Isto é, ao invés de pedir ao Criador dos Mundos **iluminação para corrigir essa tragédia,**

*1 **"Estou com quase 50 anos"** — Esta prédica atualíssima do presidente-pregador da Religião de Deus, Paiva Netto, ocorreu, em 27 de outubro de 1990, onde atualmente se encontra o Instituto de Educação da LBV, na Avenida Rudge, 700, Bom Retiro, São Paulo/SP, Brasil.

*2 **Câncer de pele** — Entre os tumores malignos, o câncer de pele é o mais frequente em todo o mundo. No Brasil, corresponde a quase 25% dos casos registrados, segundo dados do Instituto Nacional de Câncer (Inca). A Organização Mundial da Saúde (OMS) estima que todo ano surjam 132 mil novos casos, adquiridos pela exposição excessiva aos raios ultravioleta do Sol.

os filhos ainda ultrajam o Santo Nome Dele, *"que tem a autoridade* (portanto, no caso, **o conhecimento**) *sobre estas pragas"* (16:9), que nós, seres humanos, disparamos uns contra os outros.

No tocante a suplicar a Claridade Celestial, em vez de blasfemar contra Deus, devemos buscar o exemplo de Salomão, impresso no segundo livro de Crônicas, 1:7 a 12:

O sábio pedido de Salomão

7 Naquela mesma noite, Deus apareceu a Salomão e disse-lhe: Pede o que quiseres que Eu te dê.

8 E Salomão respondeu-Lhe: Tu usaste de grande benevolência com Davi, meu pai, e a mim me fizeste rei em seu lugar.

9 Agora, pois, ó Senhor Deus, confirme-se a Tua palavra, dada a Davi, meu pai; porque Tu me fizeste rei sobre um povo numeroso como o pó da terra.

10 Dá-me, pois, agora, ***sabedoria e conhecimento****, para que possa sair e entrar perante esta gente; porque quem poderia julgar a este Teu tão grande povo?*

11 Então, Deus disse a Salomão: Porquanto houve isso no teu coração, e não pediste riquezas, bens ou honra, nem a morte dos que te aborrecem, nem tampouco pediste muitos dias de vida, ***mas pediste para ti sabedoria e conhecimento,***

Pilatos apresenta Jesus à multidão. Ecce Homo, *obra de Antonio Ciseri (1871).*

para poderes julgar a meu povo, sobre o qual te constituí rei,

12 ***sabedoria e conhecimento te são dados; e te darei riquezas, e bens e honra, qual nenhum rei antes de ti teve, e depois de ti tal não haverá.***

O deus criado à semelhança do homem

Dirigir-se, com irrisão, ou seja, zombaria, em afronta ao Sublime Benfeitor da Humanidade é a maior incongruência. Aliás, na minha mensagem *Ecce Deus!*

(Eis Deus!), no capítulo "... deus humano e ataque de nervos", destacando a funesta adoração ao deus antropomórfico, ilustro o fato de alguns equivocadamente revoltarem-se contra o Criador de nossa existência:

A questão é que parte das gentes parece ter-se acostumado de tal forma a enganar-se a si própria, que até hoje se comporta como se o deus criado à sua imagem e semelhança, portanto antropomórfico e selvagem, devesse *ad aeternum* prosseguir... E, como assim raciocina, age segundo os atabalhoados "ensinamentos" dele, o deus criado à imagem e semelhança do homem. Dá-se mal, então...

O curioso é que, quando as coisas não terminam conforme o esperado, voltam-se contra o Deus Divino, que nada tem a ver com a entidade caricata produzida à maneira do bípede pensante... Nem sempre bem pensante, por sinal.

Reconhecimento da Sabedoria Divina

Retomando o texto do Apocalipse, encontramos mais esta advertência: *"(...) e não se arrependeram para Lhe darem glória"* (16:9). Quer dizer, não oferecerem louvores **ao Senhor de toda a Sabedoria**.

— *Estais com a razão!* — exclama outro ouvinte.

É urgente, então, deixar de lado o que seja teoria estorricante e unir esforços, fazer parcerias, corrigir os nossos equívocos. Afinal de contas, estamos na Terra. É a nossa morada única! O que exige que nos tornemos verdadeiramente cidadãos ecumênicos, isto é, planetários, globalizados no Bem. Sem isso as globalizações podem configurar grande perigo.

Morada única

É urgente deixar de lado o que seja teoria estorricante e unir esforços, fazer parcerias, corrigir os nossos equívocos. Afinal de contas, estamos na Terra. É a nossa morada única!

Jesus, o Profeta Divino — VIII

Planeta Terra: a casa de todos

O Presidente **John Fitzgerald Kennedy** (1917-1963), dos Estados Unidos, já pressentira tal panorama insensato de desprezo pelo nosso orbe, como se pode inferir de seu discurso proferido em 10 de junho de 1963, em Washington, D.C.:

— *(...) Não sejamos, pois, cegos quanto a nossas diferenças, mas dirijamos também a atenção para nossos interesses comuns e para os meios pelos quais as diferenças possam ser resolvidas. Se não pudermos, agora, pôr paradeiro a elas, poderemos, pelo menos, auxiliar a proporcionar segurança ao mundo — não obstante nossas dificuldades —, pois, em última análise, nosso elo comum e básico está em todos nós habitarmos este planeta. Respiramos todos o mesmo ar. Todos prezamos pelo futuro de nossos filhos. E todos somos mortais (...).*

Mas não é o que ocorre. Alguns até debocham de tamanho infortúnio anunciado. Muitos ecologistas ainda são chamados de "ecochatos". Importuno, porém, será o quadro com o qual a Humanidade irá deparar.

Adendo único

Preocupação crescente

A jornalista e radialista **Beatriz Fagundes**, em seu artigo "O futuro da humanidade", de 30 de novembro de 2007, registra com todas as cores o que vem por aí:

— O ***efeito estufa*** *é um fenômeno natural indispensável. Sem ele, a Terra seria muito fria, cerca de -19ºC. Os gases do efeito estufa são capazes de reter o calor do Sol na atmosfera, formando uma espécie de cobertor em torno do*

(Adendo único)

planeta, impedindo que ele escape de volta para o espaço. Este fenômeno se torna um problema ambiental quando a emissão de gases do efeito estufa (como o gás carbônico, o metano e o óxido nitroso) é intensificada pelas atividades humanas, causando um acréscimo na temperatura média da Terra, conhecido como ***aquecimento global****. O frágil equilíbrio natural do clima foi rompido com a revolução industrial. A temperatura global média aumentou 0,74ºC entre 1906 e 2005. Os anos mais quentes ocorreram de 1995 para cá. O possível impacto do aquecimento global no Brasil, previsto por pesquisadores brasileiros do Inpe (Instituto Nacional de Pesquisas Espaciais): "Nos próximos anos, as regiões Sul e Sudeste vão sofrer com chuvas e inundações cada vez mais frequen-*

Beatriz Fagundes

tes. A floresta Amazônica pode perder 30% da vegetação por causa de um aumento na temperatura, que vai de 3ºC a 5,3ºC até 2100. O nível do mar deve subir 0,5 metro nas próximas décadas, e 42 milhões de pessoas podem ser afetadas. O aumento na temperatura no Centro-Sul do país deve ser de 2ºC a 3ºC, aumentando a força das tempestades". (Os destaques são nossos.)

De igual modo, deve-se levar muito a sério a Grande Tribulação, de que voltarei a tratar neste livro, prevista por Jesus no Evangelho segundo Marcos[*1], 13:18 a 20 e 23:

> *18 Orai, pois, para que a vossa fuga não suceda no inverno,*
> *19 porque, naqueles dias, haverá uma* ***tribulação*** *tão grande,* ***como nunca houve*** *desde o princípio da criação divina, até agora,* ***nem jamais se repetirá****.*
> *20 E, se o Senhor não abreviasse aqueles dias, ninguém seria salvo; mas, por causa dos escolhidos, que Ele mesmo escolheu, abreviou Deus aquele tempo.*
> *23 Mas vede vós:* ***eis que de antemão vos tenho dito tudo****.*

[*1] **A Grande Tribulação** — Também encontramos no Evangelho de Jesus segundo Mateus, 24:20 a 22, e Lucas, 21:23.

Isso não é brincadeira! Todavia, nosso Divino Educador, e naturalmente por isso, nos vem, conforme Ele próprio afirma, advertindo **"de antemão"**. Jesus é, de fato, o Grande Amigo que não abandona amigo no meio do caminho. Afinal de contas, Ele é o Excelso Exemplo do Irmão e Companheiro fidelíssimo, qualidades humanitárias citadas por João, Evangelista e Profeta, que as aprendeu com seu Mestre, consoante o Apocalipse, 1:9:

Edmund Burke

> — *Eu, João,* ***irmão vosso e companheiro na tribulação, no reino e na perseverança, em Jesus****, encontrei-me na ilha chamada Patmos, por causa da Palavra de Deus e do testemunho de Jesus Cristo.*

Louvado seja o Pai Celestial!

Se mirarmos nossos atos de preservação da vida no planeta, fazendo uso desse singular altruísmo descrito no Apocalipse, jamais permitiremos que ocorra o previsto pelo filósofo e teórico político irlandês **Edmund Burke** (1729-1797):

José de Paiva Netto e o pastor Jonas Rezende

— *Para que o mal vença, basta que os homens de bem fiquem de braços cruzados*[*2].

Jamais! Jamais! Jamais!

Meu nobre amigo pastor, professor, filósofo e escritor **Jonas Rezende**, em seu livro *O Apocalipse de Simão Cireneu*, aponta um caminho firme a ser adotado pelos perseverantes na Fé:

— *Se a força popular for mobilizada, através da fé, contra as agressões ecológicas, as advertências da ciência sobre a destruição do planeta ganharão um poder extraordinário.*

[*2] Estas palavras de Edmund Burke (1729-1797), comentadas na pregação de "O Apocalipse de Jesus para os Simples de Coração", Paiva Netto também fez constar no seu artigo "Legião da Boa Vontade e a Ideologia do Bom Samaritano", publicado na revista *Boa Vontade*, edição 197, de janeiro de 2005.

Gente que luta

Para que nosso planeta sobreviva aos efeitos de tanta ganância pelos séculos, verdade seja dita, temos visto notáveis esforços de pesquisadores e de cidadãos engajados na melhora da qualidade de vida por todo o globo. Aliados às iniciativas que buscam a alimentação saudável, por intermédio da agricultura orgânica, meios de transporte alternativos e a proteção do meio ambiente, pela reciclagem e pelo tratamento racional do lixo e aproveitamento das águas da chuva, excelentes trabalhos de cientistas e outros estudiosos prometem bons resultados no curto e no longo prazo. Por exemplo, é intensa a pesquisa na área energética, sobretudo em relação a fontes renováveis e limpas: biocombustível, biomassa, energia azul, energia geotérmica, energia hidráulica, hidreletricidade, energia solar, energia maremotriz, energia das ondas e energia eólica, além de outros objetos de estudo pouco conhecidos e aqueles que nem mesmo sabemos ainda que serão descobertos. **A Fé é o combustível das Boas Obras**.

"Não jogam a toalha"

Destaco, por devido, o esforço militante, pela causa do meio ambiente, de entidades governamentais e

Chefe Seattle

Franklin Pierce

Lobo da Costa

do Terceiro Setor, sérias e ativas, no Brasil e no mundo; de multidões de idealistas que "não jogam a toalha" e continuam na linha de frente pelejando por um planeta realmente melhor.

Nosso brado é este: Educar. Preservar. Sobreviver. Humanamente também somos Natureza.

Por favor, não acabem com ele

O mundo precisa alimentar-se, **mas para isso não é necessário acabar com ele**. Essa também foi uma preocupação do **Chefe Seattle**[*3], apresentada, em 1855, em carta na qual respondia contrariamente *à proposta* do governo do presidente **Franklin Pierce** (1804-1869), dos Estados Unidos, de comprar a terra dos índios.

[*3] **A Carta do Chefe Seattle** — Publicada por Paiva Netto, em 28 de setembro de 1986, em sua coluna na *Folha de S.Paulo*. Você pode lê-la no livro *Em Pauta*, do mesmo autor (Editora Elevação). Ligue para o Clube Cultura de Paz: 0300 10 07 940.

In medio virtus est[*4]

A virtude encontra-se no equilíbrio. É o que Jesus, o Político Divino, deseja à Terra inteira, de modo que, pela ação humana, possam confirmar-se **boas** profecias, consoante nossas **Boas** Obras (Evangelho segundo Mateus, 16:27). Basta anotar esta quadrinha de **Lobo da Costa** (1853-1888)[*5]:

Ação — vontade no tempo;
Resultado vem após,
A vida nasce de Deus;
Destino nasce de nós.
(O destaque é nosso.)

[*4] ***In medio virtus est*** – Conceito desenvolvido por Aristóteles em sua obra *Ética a Nicômaco*, livro II, c. V-IX.
[*5] **Quadrinha de Lobo da Costa** — Extraída do livro *Trovadores do Além*, página 115, psicografia de Chico Xavier, que Paiva Netto publicou na revista *Jesus Está Chegando* nº 108.

Jesus, Exemplo de companheirismo

Jesus é o Excelso Exemplo do Irmão e Companheiro fidelíssimo, qualidades humanitárias citadas por João, Evangelista e Profeta, que as aprendeu com seu Mestre.

Jesus, o Profeta Divino — IX

A dessectarização do Cristianismo

Aqui, uma pausa de nosso estudo do Apocalipse de Jesus para os Simples de Coração, para fazer um convite a todos Vocês, queridos irmãos: assim como temos proposto a **dessectarização** de Jesus*1, sugiro-lhes avançar nas pregações nossas sobre a consequente

*1 **A dessectarização de Jesus** — Leia sobre o assunto no segundo volume das *Diretrizes Espirituais da Religião de Deus,* de Paiva Netto, capítulo "A Proclamação do Cristo Estadista".

dessectarização do Cristianismo, que os seres humanos dividiram em rebanhos de acordo com os seus graus de entendimento e, até mesmo, de proveito nem sempre do agrado de Deus. Basta ler a História.

Ainda a respeito desse assunto, que está chamando a atenção dos que nos escrevem e nos ouvem, trago comentários do jornalista, membro da Associação Brasileira de Imprensa, a nossa heroica ABI, e radialista **Francisco de Assis Periotto**, proferidos durante palestra em 29 de maio de 2004, sábado, no Rio de Janeiro/RJ, Brasil:

> — *O ouvinte da Super Rede Boa Vontade de Rádio é privilegiado, porque recebe, pela saga de Paiva Netto, a dessectarização do Cristianismo. É um trabalho tão extenso e meritório, que a gente nem imagina a abrangência total de seu efeito futuro. Mas percebemos um pouco desse alcance pela vibração do ambiente, com a presença espiritual maravilhosa que todos sentem, quando nosso Irmão Presidente explana sobre o Evangelho e o Apocalipse de Jesus, por exemplo, na Boa Nova segundo Marcos, 8:1 a 9: "A segunda multiplicação dos pães e peixes".*
>
> *Observamos que a fragilidade, neste momento da Humanidade, nos campos da Política, da Economia, do social, é imensa. É visível até no rosto daqueles que governam o planeta. E todos estão como que*

suplicando, buscando alguma alternativa melhor para minimizar as dificuldades. Sabemos que os que governam desejam resolver os problemas de seus povos. Mas qual o caminho?

O que vem sendo feito pelo Irmão Paiva é algo de fato ímpar, pegando uma carona no título ÍMPAR, informativo lançado pela Juventude Ecumênica Militante da Religião de Deus, do Rio de Janeiro/RJ. O trabalho do Irmão Paiva é, portanto, ***dessectarizar o Cristianismo****, fazendo crescer a consciência de Solidariedade e de Justiça entre todos — uma joia neste contexto imenso. É a alternativa capaz de assegurar o futuro dos povos, um porvir em que consigam sobreviver aos problemas criados pelos próprios homens.*

E vivemos um período em que tudo é tão rápido, é tanto avanço tecnológico, todos os dias são tantas as novas ideias, as novas conquistas, contudo, o senso para o campo espiritual, portanto, para o bom senso, tem sido cada vez mais colocado de lado. Progride-se, progride-se, progride-se muito, a gente vê todos os tipos de objetos praticamente "falando", para usar uma figura de retórica forte. E isso tudo realmente ajuda como ferramenta, mas, por outro lado, vemos, por exemplo, uma África sendo dizimada pela miséria, pelas doenças, pelas guerras e por outros fatores mais. Quer dizer, prioridades precisam ser revistas.

Jesus, a Bandeira Luminosa

Exato, Francisco. Humildemente, pergunto aos meus irmãos: não será hora de surgir no horizonte do mundo o Cristianismo integral, o Cristianismo do próprio Cristo Jesus, portanto dessectarizado, que profetiza a formação de *"um só Rebanho para um só Pastor"* (Evangelho segundo São João, 10:16), fortemente defendido pelo saudoso Irmão Alziro Zarur?

Daí trabalharmos pelo Ecumenismo Irrestrito, pelo Ecumenismo Total, pelo Ecumenismo dos Corações e pelo Ecumenismo Divino[*2], alma da Profecia do Grande Mestre Jesus, o Profeta Divino. Ele é a Bandeira Luminosa de toda essa renovação de conceitos pelo prisma do Amor Fraterno e da compreensão do mecanismo da Justiça Celeste, descrito no Evangelho e no Apocalipse, como continuaremos a expor. Dessectarizar o Cristianismo é colocar o lábaro do Amor e da Justiça Divinos adiante de tudo.

Liberdade sem Fraternidade é condenação ao caos.

[*2] **Os Quatro Pilares do Ecumenismo** — Publicado no livro *Reflexões da Alma,* de Paiva Netto.

Cristianismo do Cristo

Humildemente, pergunto aos meus irmãos: não será hora de surgir no horizonte do mundo o Cristianismo integral, o Cristianismo do próprio Cristo Jesus, portanto dessectarizado, que profetiza a formação de *"um só Rebanho para um só Pastor"* (Evangelho segundo São João, 10:16), fortemente defendido pelo saudoso Irmão Alziro Zarur?

Blog “O Velho Testamento”

Profeta Isaías, Apocalipse e Lei de Causa e Efeito

Partes de I a X

Profeta Isaías, Apocalipse e Lei de Causa e Efeito (I)

Profecia, "mortos" e transformação planetária

Após a veiculação da Cruzada do Novo Mandamento de Jesus no Lar, no dia 29 de outubro de 2005, sábado, pela Super Rede Boa Vontade de Comunicação (rádio, TV e internet), muitos ouvintes e leitores da revista *Jesus Está Chegando* contataram a Religião de Deus, solicitando a publicação desse discurso que fiz de improviso. Conto, então, com a bondade dos que me honram com a leitura. Nele, alerto sobre as consequências da ação funesta do ser humano contra a Natureza, apresento a palavra de renomados cientistas, estudiosos, discorro sobre a realidade da Vida Espiritual — após o fenômeno chamado morte —, brindando Vocês com uma confortadora mensagem da Humanidade de Cima (a Espiritual) da lavra do dr. Bezerra de Menezes.

Atendi, portanto, aos pedidos, incluindo-a neste recente trabalho *Jesus, o Profeta Divino*, dividindo-o em diversas partes, a fim de facilitar o entendimento do tema.

Introdução

Antes de iniciarmos o nosso estudo de hoje, que conta com a presença nobilíssima do Irmão Bezerra de Menezes, grande ativista da Revolução Mundial dos Espíritos[*1], quero agradecer a honrosa audiência da série radiofônica "Cruzada do Novo Mandamento de Jesus no Lar", veiculada às segundas-feiras, pela

[*1] **Revolução Mundial dos Espíritos** — Ao título criado por Alziro Zarur, Paiva Netto acrescentou "da Luz", pois essa Revolução surgiu para iluminar o ser humano e seu Espírito Eterno, esclarecendo a todos que *"o Mundo Espiritual não é uma abstração"*.

Super Rede Boa Vontade de Rádio e pela internet: www.boavontade.com*2.

Essas reuniões são transmitidas diretamente da Igreja Familiar nº 1 da Religião de Deus — Ele que, na definição de João Evangelista, na sua Primeira Epístola, 4:8, é Amor Fraternal. Logo, não é mais uma crença a conflitar com as demais. Já há muita balbúrdia na Terra em nome de um Deus (impessoal), que é Amor. Favor não confundi-Lo com uma divindade antropomórfica, carregada de ódio, que possui privilegiados e desafetos.

Eis a Religião do Terceiro Milênio, quando o Amor verdadeiramente vigorará.

Alguns de Vocês, que me honram com generosa atenção, podem estar pensando:

> — *Ah, Paiva Netto, você é um sonhador. Veja como o mundo se encontra...*

Meus irmãos, com amizade respondo-lhes: um milênio tem mil anos. Tempo à beça para essa profunda transformação. Além disso, o Cristo, no Seu Evangelho segundo Mateus, 19:26, afirma:

---

*2 **Horários** — A Cruzada do Novo Mandamento de Jesus no Lar é transmitida pela Super Rede Boa Vontade de Comunicação, às segundas-feiras, nos seguintes horários: à meia-noite, às 5 e às 11 da manhã, às 18 e às 21 horas.

Mateus

Dr. Osmar Carvalho e Silva

— *O que não é possível ao homem para Deus é sempre possível.*

Por essa razão, devemos colaborar com o trabalho dos nossos Amigos Espirituais, Almas Benditas, Anjos Guardiães, que querem a todo instante, como o fazem mesmo quando não nos apercebemos, por serem a maioria das vezes tão discretos, trazer a sua contribuição prestimosa. O Mundo Invisível ao nosso limitado espectro visual **é ainda invisível, porém existe**. O Outro Lado da Vida não é uma abstração.

Como diz o dr. **Osmar Carvalho e Silva** (1912-1975), Espírito, saudoso Legionário da Boa Vontade de Deus:

— *O nosso trabalho depende da dedicação de vocês. Mas o seu sucesso* (isto é, o sucesso de Vocês) *depende do nosso apoio.*

Dogmatismo científico

Vem aí o Tempo em que a Ciência reconhecerá a realidade do Espírito.

Nada é mais forte e convincente do que os fatos. Passem os anos que forem necessários, perante o amadurecimento que o ser humano precise atingir. A Verdade naturalmente se imporá.

Existe, ainda, algum desconforto por parte de certos pesquisadores no trato das questões tidas como "menos convencionais", na abordagem acadêmica cotidiana. (...) Vejam, por exemplo, os debates gerados em torno das chamadas "experiências de quase morte" (EQM). A controvérsia (imparcial) da imprescindível discussão sobre a continuidade da Vida vem sendo sistematicamente evitada por alguns dos círculos de estudos da elite científica internacional. Com frequência, talvez até por comodismo, observa-se a displicente negação dessas verdades, abdicando-se de qualquer esforço investigativo da manifesta existência do Mundo Espiritual, salvo raras e louváveis exceções. É mais sábio admitir que um assunto polêmico pode encontrar-se (por enquanto) além do conhecimento científico atual do que simplesmente negá-lo de antemão. Trata-se, por exemplo, da narrativa dos milagres de Jesus. Grande cientista é aquele que, vendo a verdade diante dos seus olhos, **enfrenta o mundo e a proclama**, como no caso da Profecia verdadeira. Estuda profundamente o tema, formulando investigações rigorosas e livres do pecado da parcialidade.

Se estamos numa fase da Humanidade em que **tudo é perspectiva de conhecimento***[3], por que decretar algo como cláusula pétrea só porque a Ciência diz não ser comprovável essa ou aquela coisa?

Ontem, tantas causas que eram consideradas inexequíveis — por conta dos meios que o saber possuía —, hoje, são assuntos que até as crianças do pré-primário têm como normalíssimos.

William Hurlbut, biocientista da Universidade Stanford, na Califórnia (EUA), comentando sobre lamentáveis fraudes científicas recentemente descobertas, enfatizou:

> — *A ciência ultimamente lembra mais a religião do que qualquer outra coisa. Como consequência, ela sofre dos mesmos problemas que historicamente afetaram a religião: triunfalismo, arrogância, falta de autocrítica.*

*[3] (...) **perspectiva de conhecimento** — Na entrevista que Paiva Netto concedeu à jornalista portuguesa Ana Serra, acerca de seu *best-seller Reflexões da Alma*, lançado em terras lusitanas pela Editora Pergaminho, em 2008, ele desenvolve análise que fez há décadas, **ao diferenciar conhecimento e sabedoria**. Afirma o escritor: *"Será que tudo o que há no Universo já foi alcançado pela noção intelectual vigente? O nosso desenvolvimento mental contemporâneo marca o limite do saber? Ora, o ser humano nem atingiu o nível de conhecimento pleno, qual seja, **a sabedoria**, mas apenas alguma perspectiva dela, do contrário não se destruiria, a todo instante, em guerras e mais guerras de todos os matizes e no extermínio do planeta onde vive, reconhecidamente a sua única morada"*.

A "ciência" (aquela entre aspas naturalmente) não merece apreço quando estabelece dogmas ou assuntos tabus. O único dogma da Ciência só pode ser a procura da Verdade, onde quer que esteja, sempre dentro da moral, da ética e do espírito da mais elevada Caridade, tendo por base a Bioética Divina. (Não devemos admitir experiências tais quais aquelas que horrivelmente ocorriam nos campos de concentração nazistas.) O fato de Você (ainda) não ser capaz de provar algo não significa que ele não exista. O importante é fugir dos dogmatismos e manter a mente aberta.

Com a palavra, o astrofísico norte-americano **Carl Sagan** (1934-1996):

> — *A ausência da evidência não significa evidência da ausência*[*4].

Que estariam fazendo os laboratórios da Ciência no mundo se não houvesse mais nada a descobrir? Eis por que aqueles que "fazem a cabeça dos povos" devem ser mais prudentes, modestos. Ninguém é dono da Verdade. Por isso mesmo, sou um entusiasta dos feitos científicos. Basta ver que integro a ordem dos "fãs de carteirinha" da medicina de ponta, uso microfone, gravo programas de rádio e TV, sou um admirador convicto da *web*, meus livros já se encontram em plataformas digitais (*tablets*, *e-readers*,

---

[*4] Este pensamento do famoso cientista norte-americano também foi publicado por Paiva Netto em sua obra *Voltamos!*.

smartphones e computadores) etc. (...) Não desprezemos esta preocupação de muitos: ter as máquinas a nosso favor, **e não contra**. Por exemplo, os robôs com aplicações benéficas, como os que são empregados no campo da saúde, em grandes centros de pesquisas e laboratórios, e não os com inteligência bélica. A questão é que seus construtores tenham consciência benévola. (...) E vivemos sob constante risco com os estoques de matéria-prima e de artefatos nucleares existentes nos Estados Unidos, na Rússia, na Inglaterra, na França, no Paquistão, na Índia e sabemos lá mais onde... Quem verdadeiramente controla tudo isso? (...)

O que apenas estou sugerindo, às vezes em palavra eloquente, é que os notáveis seguidores da Ciência **atrevam-se a avançar mais pelos territórios desafiadores da Espiritualidade Ecumênica**. E desse modo alcancem as inúmeras soluções de paz ofertadas pelo conhecimento das Leis que regem essa mesma Espiritualidade que, por ser ecumênica, não mantém a mente fechada, e sem, como ironizam alguns, deixar rolar o cérebro pelo terreno. A questão é ser humilde perante a Verdade e estudá-la, andando de braços dados com ela. É lamentável que mesmo hoje existam aqueles que nem se dão ao trabalho de reconhecer os esforços dos que, honesta e competentemente, adentram, de passo firme, as regiões espirituais. Elas ainda fazem tremer grandes intelectos e corações de respeitáveis pensadores, cuja existência dignifica os povos. Que analisem com total isenção para avaliar em profundidade esses preceitos eternos. **Afinal, os mortos não morrem.**

A extraordinária Ciência

A missão da extraordinária Ciência é abrir a percepção humana para a realidade notável da riqueza universal disposta à mesa, a ceia para a qual o Cristo na Sua Carta à Igreja em Laodiceia — Apocalipse de Jesus segundo São João, 3:20 — nos convida, e de que todos se podem alimentar.

> — *20 Eis que estou à porta, e bato; se alguém ouvir a minha voz, e abri-la para mim, entrarei em sua casa e cearei com ele, e ele, comigo.*

Porém, antes que fatalmente comprove-se em laboratório a perenidade da Vida, **cumpre à Religião não temer falar com maior objetividade sobre a existência do Espírito após a morte e pesquisar o Mundo Invisível.** Ciência e Religião, aliadas, devem derrubar os obstáculos erguidos pela ignorância e pela soberba humana.

A Profecia é considerada assunto religioso. Contudo, não terá chegado a hora de a Ciência deslindar, não sendo unicamente materialista e sem ideias preconcebidas, as leis que a regem? Haverá com certeza motivo para que um assunto, cercado por sombras por causa da vontade de grupos que não desejam esclarecê-lo, sobreviva valentemente a todos os óbices, como é o caso da Profecia.

É oportuno relembrarmos o que disse **Cícero** (106-43 a.C.):

Cícero

Friedrich Nietzsche

— *Não há povo, por mais requintado e culto que seja, que não acredite no dom que certas pessoas têm de prever o futuro.*

Este pensamento do grande filósofo, originário da região do Lácio, incluí no capítulo "Apocalipse e Genoma do Universo", constante do meu livro *Crônicas e Entrevistas.*

E aos que de antemão negam a possibilidade de qualquer profecia, sem sequer minimamente inquirir as várias vertentes do seu mecanismo, este pensamento do famoso cético **Friedrich Wilhelm Nietzsche** (1844-1900), filósofo polêmico e eminente filólogo:

— *E aqueles que foram vistos dançando foram julgados insanos por aqueles que não podiam escutar a música.*

Realmente, só pode dançar quem ouve a melodia, mesmo que apenas no íntimo. E a música pode trazer o recado profético...

Único dogma

O único dogma da Ciência só pode ser a procura da Verdade.

André Fernandes

Templo da Boa Vontade (TBV)[*1]*, Brasília/DF, Brasil: SGAS 915, Lotes 75/76. Tel.: (61) 3114-1070. Informações: www.tbv.com.br*

Profeta Isaías, Apocalipse e Lei de Causa e Efeito (II)

Dois de Novembro Dia dos Vivos

Bom, vamos formar a corrente espiritual para que o nobre amigo da Pátria da Verdade — de onde vêm as Profecias reais — dr. Bezerra de Menezes possa firmemente manifestar-se por intermédio do sensitivo

[*1] O TBV, monumento mais visitado da capital do Brasil e aclamado pelo povo uma das Sete Maravilhas de Brasília, a cada 2 de novembro recebe uma multidão de peregrinos para homenagear os seus entes amados que se encontram no Mundo Espiritual. Como diz Paiva Netto, fundador do TBV, *"os mortos não morrem"*.

Legionário Chico Periotto. Acompanhemos suas palavras, porque ninguém morre. Um dia o mundo se ajoelhará perante essa Verdade, que a todos nós, **sem exceção**, totalmente interessa:

> (Hoje, 29 de outubro de 2005,) *nas proximidades das comemorações do chamado Dia dos "Mortos"* (mortos entre aspas, é importante destacar), *seria de bom propósito a leitura e o comentário de nosso Irmão Maior Paiva Netto acerca das advertências de Isaías*[*2]*. Nada mais, nada menos, o Profeta anuncia com grande antecedência os caminhos tortos que infelizmente multidões insanas preferem trilhar sobre a face da Terra.*
>
> *E quando elucidamos os corações saudosos a respeito da presença de parentes e amigos, Espíritos que já se foram do seu convívio diário,* ***explicando-lhes a forma de contato entre os planos material e espiritual, progredimos e ajudamos os outros também na evolução de suas Almas.***
>
> *O intercâmbio perfeito entre as dimensões distintas* ***requer*** *equilíbrio, cumplicidade e completa união.*
>
> ***Não mais a relação imperfeita*** *entre "vivos"* (vivos segundo os homens) *e "mortos"* (também consoante a concepção humana atual), *pois somos conjuntamente guiados pelas experiências dos Imortais,*

[*2] Leia mais sobre o assunto em "Advertências do velho Isaías", p. 137.

fraternos colaboradores da Pátria Eterna, que ***desejam ardentemente que sejamos perfeitos conhecedores das Leis Divinas.***

E se na Terra integrarmos com grande unção, e, portanto, com espírito liberto, as fortalezas do Espaço Maior, ajudaremos no erguimento de um mundo novo, cujos esforços de equilíbrio e redenção frutifiquem para toda a Eternidade. ***Jesus ensina*** *que, se conhecermos a Verdade, ela nos libertará* (Evangelho consoante João, 8:32).

Os seres humanos produzem efeitos ***devastadores*** *contra a Mãe Natureza, e, por isso, a agressão multiplicada por séculos e milênios* ***afronta*** *o princípio da Criação, fazendo que a poderosa Lei de Causa e Efeito se volte impiedosamente contra aqueles que reproduziram a terrível sina dos senhores das trevas, criadores dos obstáculos, infiéis ao Cristo, que trazem em seus espíritos a marca da traição.*

Sejamos sentinelas, trabalhadores incansáveis no soerguimento das Almas em prol das modificações justas e inadiáveis, com a serenidade dos espiritualmente vencedores de todas as épocas.

O Profeta amigo Isaías, com imensa antecedência, observa e admoesta, com a franqueza dos tempos, ***acerca do que irá acontecer.***

A marca dos Homens e Mulheres da Boa Vontade Celeste, da Terra e do Céu, ***é a Verdade de Deus.***

Aproveitem o dia Dois de Novembro, que se aproxima, para endereçar aos seus entes queridos do Espaço ***vibrações de Vida****, Acordes do Resplandecer, porque a Existência do Outro Lado é cheia de Luz, de Trabalho e de Equilíbrio, para os que* ***honraram e honram*** *os seus compromissos divinos neste orbe.*

As lágrimas devem ser poupadas

Nobilíssimos amigos reencarnados, não sejam queixosos, não vertam lágrimas desnecessárias, que devem ser economizadas, porque ***os Espíritos que partiram, apenas e simplesmente, querem evoluir em Paz****.*

Acendam, ***pela força das obras edificantes****, as verdadeiras luzes, que são como potentes faróis, que se elevam das esferas terrenas ao Alto, aos que já brilham no Mundo Espiritual. Isso é o que lhes pedimos.* ***Entendemos o sentimento da saudade.*** *Mas em vez de choros,* ***boas ações****!*

O vigor dos Espíritos a serviço do Bem na Terra é ponto de vitória no Espaço Sideral.

Por isso, façamos a nossa parte — não chorando por eles, mas orando por sua felicidade — e o congraçamento das vidas será naturalmente o próspero e radiante dia do encontro fraternal de

Humanidades — da Terra e do Céu — ***que se amam.***

A gratidão pela paciência e o abraço a todos os que amavelmente me ouvem.

Viva Jesus!

Obrigado, dr. Bezerra de Menezes, por mensagem tão esclarecedora e que se refere às Profecias, quando invoca o estudo do formidável Isaías, a quem nos dedicaremos mais.

O segredo do governo dos povos

Dizia o Proclamador da Religião de Deus, Alziro Zarur:

— *O segredo do governo dos povos é* ***unir a Humanidade de baixo à de Cima.***

Ora, como está previsto no Apocalipse de Jesus segundo João, 11:15, ao toque da Sétima Trombeta:

— *O reino da Terra se tornará de Deus e do Seu Cristo.*

Anúncio puramente profético!

Sem cansaço

Um dia, a sociedade se cansará de viver na escravidão do obscurantismo, que é a morte em vida, e se lembrará desta revelação expressa no versículo 4º do capítulo 1º do Evangelho segundo João, em que também o Evangelista-Profeta, referindo-se a Jesus, que é UM com o Pai, diz:

— *A Vida está Nele, e a Vida é a Luz do Mundo.*

Diante disso, o que se dá? O versículo 5º do mesmo capítulo do Evangelho responde:

— *A Luz resplandece nas trevas, e as trevas não podem prevalecer contra ela.*

Daí sempre afirmarmos e reafirmarmos que **seguros estamos na Divina Segurança das seguras mãos de Jesus**, que é o Farol Celeste a clarear nossos caminhos, de modo que não tropecemos jamais.

Cidadania do Espírito — uma visão profética de Jesus, por intermédio de João

A treva é a pior ignorância. Dela apenas se pode esperar violência e toda a sorte de dor. Ela é primacialmente resultante da falta do saber fundamental, que vem do Espírito iluminado, porque **a cidadania, na realidade, começa no Mundo Invisível.** No entanto, **quando os governantes das nações compreenderão isso? O governo da Terra tem início no Céu** — um dia o ser humano, em seu próprio benefício, aprenderá essa máxima. Desconhecer a Verdade infinita é sofrer as consequências do pensamento desgovernado[*3].

Vejam que extraordinária visão profética do Cristo no Seu Apocalipse, 1:4 a 7:

E da parte de Jesus Cristo

4 João, às sete igrejas que se encontram na Ásia: Graça e paz a vós outros, da parte Daquele que é, que era e que há de vir, da parte dos Sete Espíritos que se acham diante do Seu trono,

5 ***e da parte de Jesus Cristo****, a fiel testemunha, o primogênito dos mortos e o soberano dos reis da Terra.* ***Àquele que nos ama, e pelo Seu sangue nos libertou*** *dos nossos pecados,*

6 ***e nos constituiu reino, sacerdotes para o Seu Deus e Pai****, a Ele a glória e o domínio pelos séculos dos séculos. Amém.*

---

*3 **Pensamento desgovernado** — Outras explicações no segundo volume das *Diretrizes Espirituais da Religião de Deus.*

Por muito nos amar, como está no versículo 5º, afinal Ele se sacrificou por nós, e pelo Seu sangue (e pelos exemplos inauditos de perseverança em Deus, legando-nos Seus ensinamentos transformadores) nos libertou dos nossos pecados (quer dizer, do desconhecimento das Leis Divinas) e fez descer à Terra o banho lustral das Lições Excelsas, Cósmicas, **origem da Cidadania Espiritual**. A tantos quantos buscam mitigar a sede na Divina Fonte disposta a todos pelo Sublime Provedor, **Ele concede direito ao acesso à Cidadania Espiritual.**

Contudo, somente à medida que nos libertamos da ignorância das Coisas Divinas, vamos merecendo constituir reino (por conseguinte, poder espiritual) e sacerdotes (isto é, virtude religiosa) para Seu Deus e Pai. Portanto, não para um poder fugaz, uma religiosidade efêmera, uma cidadania que será desfeita com a passagem dos séculos.

João e os Espíritos de Deus ainda exclamam no versículo 6º:

> — *a Ele a glória e o domínio pelos séculos dos séculos. Amém.*

E chega o versículo 7º do capítulo 1º do Apocalipse. É extraordinário! Conforta nossas Almas, porque anuncia a Volta do nosso verdadeiro, inestimável Amigo Jesus:

7 Eis que Jesus vem com as nuvens, e todos os olhos O contemplarão, até mesmo os olhos daqueles que O crucificaram. E todas as nações da Terra se lamentarão sobre Ele. Certamente. Amém.

Cidadania Espiritual

A tantos quantos buscam mitigar a sede na Divina Fonte disposta a todos pelo Sublime Provedor, Ele (Jesus) concede direito ao acesso à Cidadania Espiritual.

Raffaello Sanzio

Profeta Isaías, Apocalipse e Lei de Causa e Efeito (III)

Advertências do velho Isaías

Vamos, agora, ao Antigo Testamento da Bíblia Sagrada, capítulo 24 do livro de Isaías, versículos 3º, 5º, 12, 13 e 20.

> *3 A Terra será de todo devastada e totalmente saqueada, porque o* ***Senhor é quem proferiu esta palavra****.*

5 Na verdade, a Terra está contaminada por causa dos seus moradores, porquanto transgridem as Leis, violam os Estatutos ***e quebram a Aliança Eterna.***

12 Na cidade, reina a desolação, e a porta está reduzida a ruínas.

13 Porque será na Terra, no meio destes povos, como o varejar da oliveira e como o aprimorar, quando está acabada a vindima.

20 A ***Terra cambaleia como um bêbedo e balanceia como rede de dormir;*** *a sua transgressão pesa sobre ela,* ***e ela cairá e jamais se levantará.***

Alguns — que têm por *hobby* acusar Deus de tudo — podem discordar da minha afirmativa de que a situação atual do orbe terrestre não seja responsabilidade do Criador, em virtude do que Isaías assegura no versículo 3º do capítulo 24 do seu livro:

— A Terra será de todo devastada e totalmente saqueada, porque o Senhor é quem proferiu esta palavra.

Há quem ame os seus carrascos que não admitem qualquer repto. Como estão acostumados aos tiranos do mundo, acabam em geral entendendo as Profecias distorcidamente. E isso se dá pela força do hábito de submeterem-se aos "poderosos", pois desse modo foram condicionados, nos diversos setores da vida particular, da coletiva (política, social, religiosa, científica, e assim por diante).

A Lei Divina e a Ciência humana

Este *Senhor* que profere a palavra **é a Lei**, no caso, a **Divina.** O problema é que constantemente nos levantamos contra a Lei de um Deus que é Amor e ao mesmo tempo Justiça.

> — *Tão certo como a justiça conduz para a vida, assim o que segue o mal, para a sua morte o faz*[*1] (Provérbios, 11:19).

O que continuamente praticamos, até que a Justiça Divina determine o fim desse abuso? Embriagamo-nos, drogamo-nos, matamo-nos, chacinamo-nos, arruinamo-nos. E essas afirmações não são pessimistas, porquanto é o que se vê por aí. Porque se a criatura humana devasta, saqueia, depreda a Terra, o que há de se esperar?

Dizer, portanto, o Profeta que: "*o Senhor é quem proferiu esta palavra*" (no caso, de punição) é **linguagem bíblica** para sacudir as consciências de *um povo de dura cerviz*[*2], que precisava da **figuração humana de um Poder Superior**, ainda não alcançável à sua compreensão incapaz de absorver o **Abstrato.**

[*1] **Comentário de Paiva Netto** — Portanto, por suas próprias ações; não por causa de Deus.

[*2] **Um povo de dura cerviz** — Velho Testamento, Pentateuco Mosaico, Livro Êxodo, 32:9: *"Disse mais o Senhor a Moisés: Tenho visto este povo, e eis que é povo de dura cerviz"*.

Este sofrido planeta

(...) Sou por natureza otimista, mas não posso negar a realidade que andamos, não sabendo até quando, vivendo*3. **Nós na maioria das vezes estatuímos tais situações dramáticas**, colaborando de maneira perniciosíssima com o aumento da intensidade dos fenômenos naturais. Esses poderiam se dar **de modo mais complacente, não fosse o nosso comportamento predatório** contra a própria moradia coletiva: **este sofrido planeta.**

Em *O Evangelho Segundo o Espiritismo*, de **Allan Kardec**, capítulo XXVII (27), encontramos:

> *— 21. (...) "A severidade do castigo é proporcional à gravidade da falta."*

A Divina Lei — que dá *"a cada um de acordo com as próprias obras"**4 — pode ser corretamente denominada **Lei da Ciência**. Mas não daquela que de maneira sutil almeje instituir o dogmatismo científico de indivíduos **considerados sábios** e que, por isso, nada devem negar ou afirmar *a priori*. A Ciência é infalível, os cientistas, não. Ninguém é, repito, dono da Verdade. Tanto que declaram algo hoje e amanhã lealmente voltam atrás

*3 *Vide* página 97 deste livro, no capítulo "Planeta Terra: a casa de todos".
*4 **A cada um de acordo com as próprias obras** — Evangelho do Cristo segundo Mateus, 16:27; Apocalipse de Jesus, 22:12; e Livro de Jó, 34:11.

em suas próprias experiências; ou então resistem à presença comprobatória das coisas novas, como num caso há pouco visto de dois doutores australianos premiados com o Nobel de Medicina (2005), que por 10 anos foram combatidos pelos seus pares. Um deles, o prof. dr. **Barry J. Marshall**, quase que em desespero, digamos para argumentar eloquentemente, preparou um caldo de formas vivas microscópicas que ele, com o seu colega, o patologista **J. Robin Warren**, afirmava estabelecerem-se nas paredes do estômago e provocar a gastrite. Tomou a fórmula, ficou doente e, depois, pelo seu novel processo médico que propunha o bem da Humanidade, **curou-se**. Assim conseguiu provar sua tese não aos leigos sobre o assunto, porém aos seus companheiros acadêmicos, reitero, que não se deram ao trabalho de pôr à prova a assertiva dos colegas que vieram a merecer o significativo Prêmio Nobel.

Disse o **Gandhi** (1869-1948), que também passou por situações dramáticas:

Gandhi

"Primeiro eles o ignoram, depois o ridicularizam, em seguida o combatem, e por fim você vence."

— *Primeiro eles o ignoram, depois o ridicularizam, em seguida o combatem, e por fim você vence.*

Descobertas abaladas

Mas, na verdade, o problema não está na Ciência, na Religião, na Filosofia, no Esporte, na Arte, na Economia... ele se encontra em nós, seres humanos, com as limitações e arrogâncias baseadas em cláusulas que proclamamos pétreas, firmadas, dizemos, na Ciência, esquecidos de que, **dela, ainda permanecemos nos princípios**. Por exemplo, assuntos defendidos, e por todos aceitos, pelo velho **Isaac Newton** (1643-1727), a quem tanto devemos, há muito foram abalados pelas descobertas de **Albert Einstein** (1879-1955), que, por sua vez, já anda descobrindo reformadores de suas teorias.

Foi o próprio cientista judeu-alemão quem afirmou:

— *Minhas ideias levaram as pessoas a reexaminar a física de Newton. Naturalmente alguém um dia irá reexaminar minhas próprias ideias. Se isto não acontecer haverá uma falha grosseira em algum lugar.*

Zarur, Einstein, $E=mc^2$ e a evolução do entendimento das Profecias

Ora, quanto às palavras dos Profetas, temos de usar a mesma conceituação antes aqui exposta, pois — à medida que evoluímos — a nossa compreensão dos fatos vai crescendo, até tocar o Infinito, onde as Profecias são concebidas por Deus e postas em andamento por Seus Auxiliares Celestes, de acordo com a evolução das Humanidades, visíveis e Invisíveis (Isaías, 24:21, citado na página 291 deste livro). Razão por que Alziro Zarur, intérprete excepcional das Coisas Divinas, revela que, para a assimilação da Palavra previdente do Pai Celestial, é indispensável, à proporção que os povos evoluam, guardemos em nossas mentes que existem *"muitas voltas cíclicas, muitos ciclos múltiplos, muitos ciclos cósmicos e históricos, como vocês prefiram dizer"*. Significa, essa explicação de Zarur, que, sem qualquer diminuição da infinitíssima importância da Profecia de Deus, a nossa percepção dela vai se clareando. *Mutatis mutandis*, a palavra de Einstein, transcrita neste capítulo, se aplica, de certa forma, ao ponto de vista que defendemos aqui. Por exemplo, a sua extraordinária equação $E=mc^2$[*5], enquanto o tempo passa, ganhará,

[*5] **$E=mc^2$** — A famosa fórmula de Einstein nos diz que a energia (E) de um corpo é equivalente à sua massa (m) multiplicada pela constante da velocidade da luz (c) ao quadrado. Isso nos diz que, em determinadas circunstâncias, massa e energia podem ser convertidas mutuamente, como ocorre no caso da fissão nuclear.

aos olhos dos que a estudam com afinco, novas projeções. Do contrário, estaremos negando, por simples preconceito, realidade que a nossa visão racional, em tantas ocasiões míope do mundo, não aceita.

Convém lembrar uma advertência do Apóstolo Paulo, a de que *"as coisas espirituais* (neste caso, as Profecias) *devem ser entendidas espiritualmente"*.*[6]

(A respeito das correlações entre Razão e Espiritualidade, voltaremos a falar. E em outro livro desta coleção, comentarei a polêmica "constante cosmológica" de Albert Einstein.)

Ciência e Verdade

A Ciência é infalível, os cientistas, não. Ninguém é dono da Verdade.

*[6] **As coisas espirituais devem ser entendidas espiritualmente** — Primeira Epístola de Paulo Apóstolo aos Coríntios, 2:14.

Transporte da Arca da Aliança com as Tábuas da Lei *(1816). Afresco de Luigi Ademollo – Galleria Palatina (Palazzo Pitti), Florença, Itália.*

Profeta Isaías, Apocalipse e Lei de Causa e Efeito (IV)

Aliança eterna

Mas prosseguindo com os alertamentos do Profeta Isaías, capítulo 24, versículos 3º, 5º, 12, 13 e 20.

— *5 Na verdade, a Terra está* ***contaminada*** *por causa dos seus moradores...*

Portanto, reiteramos, não por culpa de Deus, seja lá Ele entendido como for.[*1]

[*1] **Entendimento de Deus** — Leia mais no livro *Reflexões da Alma* e também na publicação *Sociedade Solidária*, de Paiva Netto.

— *5 (...) porquanto transgridem as Leis...*

Afetam o equilíbrio natural. Isto é, derrubam as matas inconsequentemente; fazem garimpagem de ouro com mercúrio, envenenando águas, corais, mangues, peixes, mariscos... Enquanto o ser humano não tiver o **fundamento espiritual-ético** a iluminar-lhe o caminho, viveremos em todo o orbe esse descalabro.

— *5 (...) e quebram a Aliança Eterna.*

Aliança feita, nada mais, nada menos que com Deus, por Abraão e mantida por **Isaque** e Jacó, simbolizando os entes terrestres com responsabilidades de comando, espirituais, religiosas, sociais, políticas, e o próprio povo, que mais deve elevar a sua consciência às Supremas Alturas, de onde nos vêm as melhores inspirações, **pois o governo da Terra realmente começa no Céu**. Basta ver que — com tantos celerados — ainda não conseguimos atear fogo neste querido planetinha, que tanto amo. Alguém, acima da nossa atual compreensão dos fatos, tem conseguido impedir a baderna absoluta. Diante disso, é possível assimilar que essa *Aliança Eterna* realizou-se em benefício das criaturas, terrenas e espirituais. Sendo quebrada por atos degradantes, os resultados serão os piores possíveis. Dá para entender?

Aliança moral

Por isso,

— *12 Na cidade, reina a desolação,* ***e a porta está reduzida a ruínas.***

Que porta é essa? É aquela com a qual deveríamos proteger a cidade. O que é a cidade? Somos nós, o Lugar Santo de que fala o Apocalipse, 21:27, e o Evangelho do Cristo segundo Mateus, 24:15 e 16.*[2]

No passado, não havia países como hoje são concebidos. Contudo, cidades, a maioria vilarejos, comparando-se ao tempo atual. Muitos locais eram assim. Cidade mesmo, geralmente cercada por muralhas, vemos Alexandria, Siracusa, Antioquia, mas, sobretudo, Roma, que chegou a ter mais de um milhão de habitantes.

*[2] **A abominação da desolação no lugar santo** (Evangelho do Cristo segundo Mateus, 24:15 e 16)
15 Quando, pois, virdes a abominação da desolação de que falou o Profeta Daniel, no lugar santo (quem lê entenda),
16 então, os que estiverem na Judeia fujam para os montes (...).
Em *Somos todos Profetas*, de Paiva Netto, encontramos: "*Nunca como agora a abominação desoladora do Dragão atacou tanto o ser humano. Que lugar mais santo no mundo pode existir além da intimidade das criaturas de Deus, o coração, a mente, a Alma das pessoas? Disse Jesus por intermédio de Paulo Apóstolo que somos o Templo do Deus Vivo". (...)*
No Apocalipse, 21:27, está escrito: "*Nela* (a Nova Jerusalém, a Cidade Santa) *jamais penetrará coisa alguma contaminada, nem os que praticam abominação e mentira, mas somente aqueles que estão inscritos no Livro da Vida do Cordeiro de Deus, o Livro da Vida Eterna*".

Cipião Emiliano

Políbio

A antiga Cartago

Outro exemplo é Cartago[*3], se não já fora destruída pela *blitzkrieg* romana, comandada por **Cipião Emiliano** (185-129 a.C.). (...) Esse famoso general, ele próprio!, conta-nos o historiador grego **Políbio** (203-120 a.C.), que o acompanhou naquela batalha:

> — *À vista da cidade perecendo totalmente em meio às chamas, Cipião irrompeu em lágrimas e se colocou, por longo tempo, a refletir sobre a mudança inevitável a que estão destinadas cidades, nações e dinastias, cada uma e todas, como a cada um de nós.*

[*3] **Cartago** — Existiu onde hoje são as cercanias de Túnis, capital da Tunísia, país do norte da África.

Ficou pasmado com o arrasamento que liderara. Bem que declaradamente fora esta a sua vontade: não deixar pedra sobre pedra do colosso do norte da África. Conforme confidenciou o general romano ao amigo e repórter da época, logo após a ordem para o ataque:

> — *Ele imediatamente virou-se, agarrou-me pela mão e disse: "Ó Políbio, isto é uma coisa magnífica! Mas, não sei como, sinto um terror e um medo de que alguém um dia deve dar a mesma ordem sobre a minha própria cidade".*[*4]

Depois, a antiga capital dos Barcas[*5] voltou a crescer, mas sob o domínio romano, que mais tarde chegaria a seu término... Porém, como já lhes afirmei, **todo fim determina um novo começo**.

ADENDO I

As 12 maiores cidades do mundo antigo

Apenas como ilustração histórica, eis, segundo a obra *De Babilônia a Brasília,* do jornalista e escritor alemão **Wolf Schneider**, as 12 maiores cidades do mundo antigo e suas respectivas populações:

*4 Traduzido a partir da obra original em inglês.

*5 **Família dos Barcas** — A dos cartagineses **Amílcar**, **Asdrúbal** e **Aníbal**, este o famoso general.

(Adendo I)

1. Roma — 1.100.000, séc. II d.C.;
2. Alexandria — 700.000, séc. I a.C.;
3. Selêucia — 600.000, séc. III a.C.;
4. Pataliputra — 500.000, séc. IV a.C.;
5. Siracusa — 400.000, séc. IV a.C.;
6. Babilônia — 350.000, séc. VI a.C.;
7. Antioquia — 350.000, séc. III a.C.;
8. Cartago — 300.000, séc. III a.C.;
9. Catac (Índia) — 300.000, séc. II a.C.;
10. Agrigento — 200.000, 400 a.C.;
11. Éfeso — 200.000, séc. III a.C.;
12. Cesareia (Capadócia) — 200.000, séc. II a.C.

A *porta* **da cidade** foi arrombada, ***"está reduzida a ruínas"***. A vida, por consequência, também: quem vive na *cidade* fica, pois, à mercê da violência, visto que não manteve a aliança moral há tanto assumida.

Adendo II

Os alertas de Chernobyl e Fukushima

Lembremo-nos de Chernobyl, Ucrânia, e de toda

(Adendo II)

Detalhe da "cidade fantasma" de Pripyat, na zona de exclusão da usina nuclear de Chernobyl.

a região à sua volta, que se tornou inabitável pela explosão de sua usina nuclear, em 1986. Foi o pior acidente radioativo do mundo já registrado. Produziu uma nuvem tóxica que alcançou a Europa Oriental, a Escandinávia e o Reino Unido, liberando 400 vezes mais contaminação radioativa que a bomba lançada em 1945 sobre Hiroshima. Áreas da Ucrânia, da Bielorrússia e da Rússia foram afetadas de tal forma, que foi necessário evacuar e reassentar cerca de 200 mil pessoas. Muitos milhares adoeceram. Seu povo perdeu tudo o que tinha. E as consequências permanecem.

Passados 25 anos desde o incidente, segundo revelou a BBC de Londres, um grupo de biólogos e cientistas que pesquisam a região há bastante tempo observa que o nível de radiação **continua duas mil vezes acima do normal e que ainda afeta severamente o ecossistema, envenenando vegetais, além de insetos, pássaros e mamíferos**. Hoje, Chernobyl

(Adendo II)

Usina nuclear de Fukushima, após o tsunami *de 11/3/2011.*

jaz apelidada de "cidade fantasma". Outro exemplo é o da usina nuclear de Fukushima, que colapsou após o forte abalo sísmico ocorrido em 11 de março de 2011, seguido de *tsunamis* de mais de 15 metros de altura, que deixaram enorme rastro de destruição e morte na ilha de Honshu (a maior do arquipélago do Japão). Depois da evacuação de um perímetro de 30 quilômetros em torno da usina, diversas ocorrências de contaminação radioativa do solo, da água e dos alimentos passaram a ameaçar a segurança de milhares de pessoas.

Prestes e o perigo nuclear

Num dos volumes desta coleção, *As Profecias sem Mistério*, apresento sério alertamento de **Luiz**

(Adendo II)

Carlos Prestes (1898-1990), batizado de o "Cavaleiro da Esperança" pelo saudoso escritor **Jorge Amado** (1912-2001), o esposo da também escritora **Zélia Gattai** (1916-2008). O famoso líder marxista, numa entrevista histórica que concedeu à *Revista LBV*, em 1986, fala sobre o perigo nuclear que ronda o mundo.

Eis o trecho destacado:

> *Vimos o que ocorreu com aquele desastre do reator de Chernobyl, lá na União Soviética. Embora exageradas as cifras dos jornais brasileiros, a verdade é que foi um acontecimento que mostrou o que as radiações de um reator podem causar de mal. Quantas pessoas morreram, quantas outras estão condenadas à morte nos próximos 10, 20, 30 anos. Vão morrer de câncer, em consequência da radiação. E sabemos que uma bom-*

Luiz Carlos Prestes

(Adendo II)

ba atômica pode corresponder a cinco vezes mais do que as irradiações de Chernobyl. Imaginem, agora, o mundo bombardeado com estas armas! Quais seriam as consequências? Nenhum povo se livraria dos seus efeitos. Seria uma hecatombe de proporções jamais vistas. Um Secretário do Partido Comunista da Itália dizia que uma guerra atômica nas condições atuais levaria o mundo a retroagir 400 anos. Tudo aquilo que se acumulou de riqueza, de avanço, de civilização, nestes 400 anos, desapareceria da face da Terra.

Voltando a Isaías

Mas retomando a análise dos versículos 3º, 5º, 12, 13 e 20 do livro do Profeta Isaías, capítulo 24:

> *13 Porque será na Terra, no meio destes povos, como o varejar da oliveira e como o aprimorar, quando está acabada a vindima.*

A seara[*6], onde andará? Secou como os rios da Amazônia. Quem diria?!

[*6] **Seara** — Terra cultivada.

Então, versículo 20:

— *A Terra cambaleia como um bêbedo e balanceia como rede de dormir; a sua transgressão pesa sobre ela, ela cairá e jamais se levantará.*

Terra aqui é sociedade, com seus grupamentos humanos; são nações que ficam como bêbedas, desconexas, delinquentes, armadas de todo jeito, ameaçando umas às outras, até que um dia uma delas ou alguém atravesse a fronteira, o limite. E aí?!...

Será culpa do Criador Celeste? De forma alguma! Saibamos assumir as nossas responsabilidades e abdiquemos do confuso deus antropomórfico, lamentado por Zarur no seu provocador

Poema do deus humano

Se daquele Deus-Homem, bom Junqueiro,
O Gênesis foi fácil coordenar,
Inda é muito mais fácil completar
O Gênesis com o Finis justiceiro:

I
No espaço não havia coisa alguma:
Só o nirvana do vácuo imensurável.
Era a felicidade, a que hoje, em suma,

Preocupa a Humanidade incontentável.
Mas, de súbito, inexplicavelmente,
No imensurável vácuo silencioso,
Apareceu alguém com ar de gente,
Um gigante de fácies tenebroso.
Olhou, ameaçador, o caos profundo,
E pôs-se a bambolear o corpo lasso:
Aqui começa a história deste mundo
E a dos outros que rolam pelo espaço.

II
Concentrando-se o ilustre cidadão,
Que se chamava Iavé, segundo a história
(Que é mesmo história, como o nome diz),
Não chegou a nenhuma conclusão
A respeito da origem probatória
Da sua aparição louca e infeliz.
Como nascera e para que surgira?
Não havia na espessa escuridão
Nem aviões nem raças de cegonha.
De maneira que o pobre velho gira,
Perplexo, atarantado, trapalhão,
Adquiriu sobrenome: Iavé Pamonha.

III
Sem assunto, isolado nas alturas,
Obumbrado em terríveis conjecturas,
Sem ter mais que fazer, de uma arrancada

Fez o mundo, um macaco e uma macaca
(Obra vil que não vale uma pataca),
E esperou que brotasse a macacada.
Esta surgiu como estupenda ameaça,
Formando o que chamamos, hoje, massa.

IV
Começa, então, a vida. Os artifícios
Ornavam as macacas, e os macacos
De plácidos passaram a velhacos,
Introduzindo novos sacrifícios.
O velho Iavé ficou como um Vesúvio:
Para acabar com tal patifaria,
Não teve pena da macacaria,
E sepultou-a toda num dilúvio.

V
Mas eis que do dilúvio se escapole
Noé, cuja família se salvou;
E o imaculado Noé se maculou,
Dando péssimo exemplo à imensa prole.
Ficou, portanto, mais acanalhada
A espécie humana, pródiga de taras,
Sutilíssimas, ótimas e raras,
Conforme o paladar da súcia airada.

VI
Fiado em Moisés, Iavé lhe deu as duas

Tábuas dos dez divinos mandamentos.
Esse espalhou-os pelos quatro ventos,
Pregando pelas casas, pelas ruas.
Mas todos viram nisso o mal de goro,
E ficavam (enquanto o bom Moisés
Quebrava as tábuas e as calcava aos pés)
Dançando em volta do bezerro de ouro.

VII
Como último recurso, o fulo Zeus
Mandou à terra o manso e meigo Cristo
(Que, afinal, nada teve com tudo isto)
E esperou a atitude dos sandeus.
O fim pouco tardou: a Humanidade,
Já farta de sermões e mandamentos,
Crucificou Jesus sem piedade,
Glorificando seus instintos cruentos.
Não tendo mais recurso, Iavé Pamonha
Nas suas obras vãs se concentrou,
Viu, pensou, concluiu, criou vergonha:
Arrependido, enfim, se suicidou.

É portanto tempo de amadurecer, ignorar o deus antropomórfico infelizmente suicida e vislumbrar o Deus Divino, também cantado por Zarur e exposto na parede principal do Salão Nobre do Templo da Boa Vontade, em Brasília/DF.

Já publicamos em livros e revistas o *Poema do Deus Di-*

Detalhe do Salão Nobre do Templo da Boa Vontade (TBV), em Brasília/DF, Brasil, no qual Paiva Netto fez colocar em letras de bronze trecho do Poema do Deus Divino, *de Alziro Zarur (1914-1979).*

vino, de Zarur; contudo, de tão belo e ilustrativo, sempre vale a pena repetir um trecho dele, visto que estamos conversando. Além disso, faz-se necessário para comparação:

Poema do Deus Divino

O Deus que é a Perfeição, e que ora eu tento
Cantar em versos de sinceridade,
Eu nunca O vi, como em nenhum momento
Vi eu o vento ou a eletricidade.

Mas esse Deus, que é o meu eterno alento,
Deus de Amor, de Justiça e de Bondade,
Eu, que O não vejo, eu O sinto de verdade,
Como à eletricidade, como ao vento.

....

....

....

Pois creio é nesse Deus imarcescível
Que ampara a Humanidade imperfeitíssima:
Deus de uma Perfeição inacessível
À humana indagação falibilíssima.

E prosseguindo com Isaías:

— *20 (...) E balanceia* (a Terra) *como rede de dormir...*

Quer dizer, fica completamente tonta, em face dos ventos das confusões humanas!

Diante do que

— *20 (...) a sua transgressão pesa sobre ela, ela cairá e jamais se levantará.*

Em diversas conjunturas, isso ocorreu na História do mundo. E várias civilizações nunca mais se levantaram depois de cair. Muitas formas de viver também...

A Primeira Guerra Mundial, por exemplo, acabou com impérios: o austro-húngaro, o turco-otomano, e acertou fortemente o britânico.

Profeta Isaías, Apocalipse e Lei de Causa e Efeito (V)

A mídia e os Profetas

Permanecendo na Cruzada do Novo Mandamento de Jesus de 29/10/2005, trazemos ainda as *profecias* de alguns pesquisadores, dados impressos na mídia, que corroboram os Profetas e demonstram que o assunto não é de agora. Afinal, há muitos jovens que hoje nos leem e na ocasião contavam com pouca idade. Contudo, não estamos aqui exaltando desgraças. Apenas, reproduzimos o que é, a todo momento, apresentado pelos meios de comunicação. Confirmam-se as previsões dos videntes bíblicos e de outros livros sagrados das religiões da Terra. Jesus, o Profeta Divino, e Isaías, por exemplo, trataram dessas questões há milênios.

Como declara o jornalista Francisco Periotto:

— *Finalmente a mídia está confirmando os Profetas.*

Sobre o teor das Profecias, sempre haverá quem fale em exagero nas informações da imprensa. Isso é comum. Ocorre, porém, que os fatos aí se encontram à vista de todos. Verões assoladores, invernos inclementes, secas e inundações, e o que é espantoso: em locais onde não eram comuns.

Profetas laicos

As previsões de respeitáveis homens da Ciência — profetas laicos do Segundo e Terceiro Milênios — são, de certa forma, análogas às profecias bíblicas que alguns apressados tentaram e tentam levar ao ridículo. Essa surpreendente conjunção de vates requer de cada um de nós **providências imediatas para salvar nossa moradia coletiva, a Terra**. O perigo não é para um ou outro povo. Não haverá privilégio, se as coisas persistirem no ritmo atual. Se bem que há ainda os que teimam em afirmar: *"Não, esse aquecimento, esse esfriamento é cíclico"*. Todo mundo sabe disso. Quando estudei, há muitos anos, os professores do Pedro II já davam a nós, jovens alunos, noções dessa periodicidade. Contudo, muitas transformações levam séculos para se manifestar. O que são cerca de 250 anos — isso para citar apenas o início da Era Industrial — para um planeta com 4,5 bilhões deles?...

Planeta em convulsão

O efeito funesto da ausência dessa simbiose — entre instrução humana e Sabedoria Divina — se faz presente em notícias como esta, publicada na seção Especial da revista *Veja*, em 12/10/2005, da qual transcrevo um trecho:

> ***O paradoxo da água***
> *Uma das visões mais espetaculares do século passado foi a primeira imagem da Terra feita do espaço, na década de 1960: uma gigantesca massa azul, com 70% de sua superfície coberta por água. Neste início de século, uma preocupação recorrente — e justificada — é a de que a água, tão abundante, se torne paradoxalmente cada vez mais escassa para uso humano. Em março deste ano, o Secretário-Geral da Organização das Nações Unidas,* ***Kofi Annan,***

> *decretou os anos que vão de 2005 a 2015 como a Década da Água. O objetivo é que nesse prazo se reduza à metade o número de pessoas sem acesso à água encanada, cifra que ultrapassa 2 bilhões de pessoas. Mantidos os atuais níveis de consumo, estima-se que em 2050 dois quartos da Humanidade viverão em regiões premidas pela falta crônica de recursos hídricos de qualidade. É um dado gravíssimo quando se leva em consideração que 60% das doenças conhecidas estão relacionadas, de alguma forma, com a escassez de água. Como isso é possível em um planeta com tantos recursos hídricos? O problema pode ser equacionado em dois termos: má distribuição e má gestão.* ***O primeiro se deve à própria Natureza, o segundo é culpa do homem.*** *A água é realmente a substância mais comum na Terra. No entanto, 97% dela estão nos mares, sendo assim imprópria para o uso agrícola e industrial e para o consumo humano. Outros 2% estão nas calotas polares, em forma de gelo ou neve. Resta, assim, apenas 1% de água doce, aquela disponível nos rios, lagos e lençóis freáticos. Essa água é extremamente mal distribuída. Países como o Canadá e a Finlândia têm muito mais do que precisam, enquanto o Oriente Médio praticamente nada tem. (...)* (O destaque é nosso.)

Essa grave estatística nos remete ao Apocalipse de Jesus, 8:10 e 11:

A Terceira Trombeta

10 O terceiro Anjo tocou a trombeta, e caiu do Céu sobre a terça parte dos rios e sobre as fontes das águas uma grande estrela ardendo como tocha.

*11 O nome da estrela é Absinto; e a terça parte das águas se converteu em absinto, **e muitos dos homens morreram por causa delas, porque se tornaram amargosas.***

Amargosas, isto é, poluídas.

Bom será, e talvez isto já esteja eficientemente acontecendo, que os laboratórios do mundo se debrucem na descoberta de melhores processos para o emprego da água do mar em benefício dos seres humanos, posto que a potável se torna cada vez mais poluída ou rara. Esta merece atenção redobrada quanto a sua limpeza de todo o lixo que recebe da civilização atual.

Em outra alarmante reportagem, o *Jornal do Brasil*, do Rio de Janeiro, edição de 13/10/2005, publicou no caderno Ciências:

A Nasa confirma que 2005 pode bater recorde de altas temperaturas

(...) As análises feitas por especialistas do Instituto Goddard de Estudos Espaciais da Nasa, que reuniram dados de mais de sete mil estações meteorológicas de todo o mundo, revelam outros sinais dramáticos do chamado efeito estufa, segundo o jornal The Washington Post.

São sinais de alerta já revelados em estudos científicos independentes e governamentais, como a considerável redução da camada de gelo do Mar Ártico e as altas temperaturas do oceano no litoral do Golfo do México, devastado recentemente por dois furacões. Segundo o jornal, especialistas da Administração Nacional Oceânica e Atmosférica dos EUA (NOAA) asseguram que, em agosto, a temperatura da água nessa região do litoral americano foi a mais alta desde 1980, o que pode contribuir para o aumento da intensidade dos furacões.

(...) "Ninguém deveria se surpreender com o que está acontecendo", segundo ***David Rind****, um dos cientistas do Instituto Goddard, que lembrou que 2002, 2003 e 2004 ocuparam o segundo, terceiro e quarto lugares na lista dos anos de temperaturas mais altas. (...)*

Adendo único

A previsão se confirmou

Reparem que essa previsão de 2005 se confirmou. De fato, tivemos recordes de temperaturas naquele ano, bem como em 2010, segundo noticiou a BBC Brasil:

(Adendo único)

Infoescola

Ao longo dos anos, grandes estiagens vêm castigando a Amazônia.

A agência da ONU para estudos meteorológicos, Organização Mundial de Meteorologia (OMM), informou que o ano de 2010 foi o mais quente da história, com uma média de temperatura empatada a outros dois anos. Segundo a agência, as temperaturas registradas no ano de 2010 podem ser comparadas às temperaturas registradas nos anos de 2005 e 1998, que até então vinham sendo considerados os mais quentes. (...) "Os dados de 2010 confirmam uma tendência significativa de aquecimento no longo prazo da Terra", afirmou o secretário-geral da agência, ***Michel Jarraud****. "Os dez anos mais quentes já registrados ocorreram todos desde 1998." Os dados para medir a temperatura média começaram a ser compilados em 1850, de acordo com a OMM.*

Aliás, curiosamente, além da seca de 1998, que teve como vilão o El Niño, a Amazônia foi castigada em 2005 e em 2010 com duas das piores estiagens já registradas nos últimos 100 anos. O recorte que segue é do *site* de *Veja*, de 4 de fevereiro de 2011, de autoria da jornalista **Nana Queiroz**:

> *A seca que atingiu a Amazônia em 2010 foi a mais severa em 100 anos, segundo um estudo publicado nesta sexta-feira na revista* Science *por pesquisadores do Instituto de Pesquisa Ambiental da Amazônia (Ipam) e da Universidade britânica de Leeds. Com isso, o equilíbrio de emissões de gases do efeito estufa foi alterado de tal forma que o dano à floresta pode ser permanente. Em 2005, uma grande seca já havia atingido a região e também foi considerada, à época, a maior em um século. De acordo com o estudo publicado na* Science, *a seca matou tantas árvores que agora a Amazônia contribuirá para o aquecimento global, em vez de combatê-lo. (...) O estudo não explica por que essas duas grandes secas, 2005 e 2010, ocorreram em intervalos tão curtos. Uma possível razão, apontam os especialistas, foi a influência do El Niño. De qualquer forma, o receio manifestado é que os intervalos entre as secas fiquem cada vez mais curtos.*

No entanto, as notícias inquietantes não param por aí. O jornal *O Estado de S. Paulo* igualmente divulgou, em 26/10/2005, que até o fim do século o gelo do Ártico deve desaparecer:

> ***Andrew C. Revkin***
> ***The New York Times***
> *Em 1969,* ***Roy Koerner****, um glaciólogo canadense, foi um dos 4 homens (e 36 cães) a completar a primeira travessia pela superfície do Oceano Ártico, do Alasca, passando pelo Polo Norte, à Noruega.* ***Hoje, disse ele, tal viagem teria sido impossível, pois simplesmente não existe gelo suficiente. Em setembro, a área coberta pelo gelo do mar atingiu uma baixa recorde.*** *"Recentemente, examinei uma proposta de um cara para atravessar de caiaque", contou.*
>
> ***Muitos cientistas dizem que demorou muito tempo para eles aceitarem que o aquecimento global, em parte resultado de dióxido de carbono e outros gases de retenção de calor na atmosfera, poderá encolher o manto de gelo do verão do Ártico.*** *E muitos desses mesmos cientistas concluíram que o impulso por detrás do aquecimento causado por seres humanos, combinado com a tendência da região para amplificar a mudança, pôs o Ártico numa trajetória* ***além do ponto de retorno****.*
>
> *Muitos especialistas acreditam que o aquecimento e o derretimento particularmente abruptos das úl-*

timas décadas é resultado de ***um misto de causas humanas e naturais****. Mas uma série de simulações, por computador, do clima global realizadas em centros de pesquisa ao redor do mundo mostra que* ***a influência futura dos seres humanos dominará****. (...)* (Os destaques são nossos.)

O debate prossegue

Há ainda muita divergência sobre a questão climática, mesmo entre cientistas de renome. Mas o debate continua.

Conjunção de vates

As previsões de respeitáveis homens da Ciência — profetas laicos do Segundo e Terceiro Milênios — são, de certa forma, análogas às profecias bíblicas que alguns apressados tentaram e tentam levar ao ridículo.

UN Photo/Stuart Price

PROFETA ISAÍAS, APOCALIPSE E LEI DE CAUSA E EFEITO (VI)

Vivemos a Globalização da Morte?

Abro parêntese na transcrição de minha conversa com os ouvintes e telespectadores da Super Rede Boa Vontade de Comunicação (rádio, TV e internet), durante a Cruzada do Novo Mandamento de Jesus no Lar, do dia 29/10/2005, para trazer-lhes alguns comentários:

Estamos assistindo, nestes tempos de globalização, a um excepcional avanço da ciência médica e de tantos outros setores do saber humano. Contudo, há regiões e regiões distantes dos territórios do progresso, geográfica e economicamente. A Somália é um exemplo. E ainda existem as barreiras da corrupção institucionalizada. Sem falar de rebeliões recentes na Inglaterra, no Chile, na Grécia, na Espanha; na área da chamada "Primavera Árabe", com as surpreendentes convulsões no Oriente Médio, graças à internet, que determina o fim do controle total, enquanto ocorrem várias recaídas em sistemas e/ou períodos de regimes ditatoriais. É só deixar o tempo correr.

Adendo único

"Primavera Árabe"

O famoso jornalista português **Henrique Cymerman**, correspondente no Oriente Médio, prefere chamar a "Primavera Árabe", inspirado na conhecida composição de **Vivaldi** (1678-1741), de "As Quatro Estações", pois tudo vem acontecendo concomitante e simultaneamente naquela atribulada região do mundo.

Antigamente e hoje

Todos os fatos bons ou desafiadores anunciados no Apocalipse dar-se-ão. A nossa parcela neles — ou as consequências que sofreremos — resultará do nosso comportamento, leal ou desleal, perante as Leis Divinas. Nada deixará de cumprir-se. O que ocorrerá conosco?! **Depende do que andarmos semeando**.

O mundo deve ser mais bem observado pelos seus habitantes. Por exemplo, estremecimentos e/ou terremotos de magnitude considerável em regiões em que são pouco comuns ou eram inexistentes. Vejam o caso do abalo de magnitude 5,9 que atingiu no dia 23 de agosto deste ano (2011) a costa leste dos Estados Unidos, com epicentro no Estado da Virgínia. Sacudiu edifícios em Nova York e Washington, gerando ansiedade na população. E mais: logo após o fenômeno telúrico, desabou sobre a região leste um furacão, o Irene, que depois de perder força foi rebaixado à categoria de tempestade tropical, não obstante deixou seu rastro de destruição, caos e vítimas desde o Caribe até o Canadá. Após a passagem dele, que provocou grandes inundações, no dia 31 de agosto de 2011, o presidente norte-americano **Barack Obama** declarou situação de "grande desastre" nos Estados de Nova York, Nova Jersey e Carolina do Norte. Até o fechamento desta edição foram contabilizados pelo menos 54 mortos.

(...) Antigamente, um problema causado pela falta de condições sanitárias, infraestrutura e meios eficazes de combate aos vetores de pandemias — a exemplo do que se deu com a peste bubônica —, digamos, na Ásia, atingia apenas certas regiões do imenso continente. A não ser que a enfermidade fosse levada por ratos infestados de pulgas causadoras da moléstia, no interior de embarcações, como ocorreu com a peste negra*, que viajou para a Europa no bojo de navios. **Agora não, acerta o globo inteiro,** sem lá aquelas demoras, pois meios de transporte velozes espalham o mal epidêmico a toda parte, às vezes carregado por passageiros que sofreram contágio. Querem um exemplo? A **febre do Nilo**, que afligiu Nova York no fim da década de 1990, onde era desconhecida. E não podemos esquecer que também são propagadas pelos **ventos estratosféricos** a poluição e a radioatividade, entre outros males. Realmente, não existe nada longe hoje, quanto mais diante da incansável atuação do ser humano contra a Natureza. **Não há território a salvo.** Nem os polares, como tem mostrado a mídia. Fala-se bastante em globalização, contudo, esta que sentimos num crescendo infrene **pode tornar-se a mundialização da morte**.

* Peste negra ou peste bubônica.

Sempre haverá sobreviventes

Mas **sempre sobreviveremos**, porque o bom senso de muita gente e a Divina Vontade hão de superar todos os absurdos que houvermos planetariamente praticado. A não ser que um corpo celeste esbarre no nosso. Mesmo assim, sobrará alguém, como no tempo dos dinossauros, desde que o choque não seja com outro planeta, maior ou menor, mas planeta... (risos) Além disso, **no Mundo Espiritual não há morte**. De qualquer forma, sobreviveremos, aqui ou lá. Afinal, como constantemente repito, **os mortos não morrem.**

Disse Jesus que tão severos serão aqueles dias da Grande Tribulação que, se Deus não os encurtasse, "nem os escolhidos", aqueles que assim se tornam por suas próprias boas obras, se salvariam (Evangelho segundo Mateus, 24:22).

Vemos que, conforme a própria palavra do Profeta Divino, haverá sobreviventes.

Chifre da África e fome

Cientistas que monitoram há décadas as grandes estiagens na região do Chifre da África, da qual fazem parte Somália, Djibuti, Quênia, Uganda e Etiópia, têm notado um aumento perigoso da frequência das secas no local. Segundo os professores da Universidade

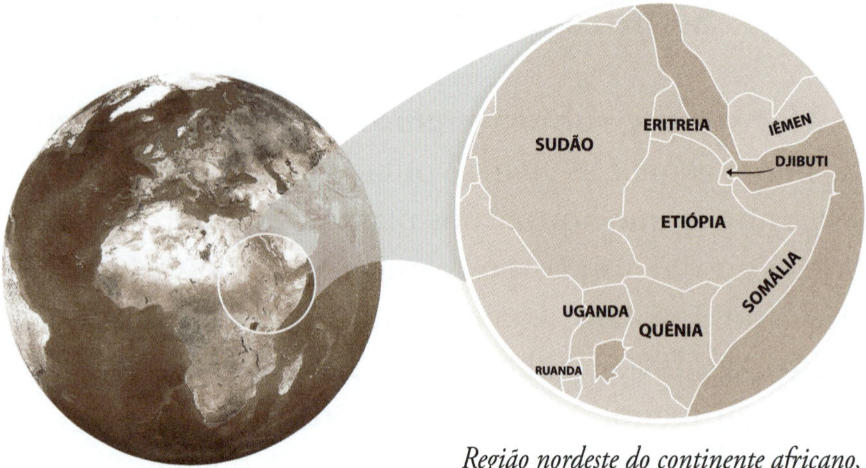

Região nordeste do continente africano, conhecida como Chifre da África.

da Califórnia **Park Williams** e **Chris Funk**, nos últimos 30 anos se tem verificado **uma diminuição constante das chuvas**, associada ao aumento contínuo da temperatura da superfície do Oceano Índico. Apesar de ocorrer a cada dois anos, a seca por lá em 2011 já é a pior dos últimos 60 anos.

Essa conjuntura representa enorme potencial de risco para aproximadamente 17,5 milhões de habitantes do Chifre da África. Em virtude da atual escassez de alimentos que assola os moradores da Somália, uma enorme multidão fugiu para as fronteiras do Quênia e da Etiópia, superlotando os campos de refugiados daqueles países. De acordo com os poucos dados a que o mundo tem acesso, dezenas de milhares de pessoas morreram de fome e sede e, **em apenas 90 dias, cerca de 30 mil crianças com idade até 5 anos perderam a vida.** É um prenúncio, segundo a ONU, de uma catástrofe humanitária de proporções amplíssimas — o próprio organismo estima que **600 mil crianças podem morrer nos próximos meses.** A Organização das Nações Unidas para a Agricultura e a Alimentação (FAO) afirmou que na Somália existem 3,7 milhões de pessoas em situação de crise humanitária, sendo que 3,2 milhões necessitam de socorro imediato para se salvar. Atualmente, em todo o Chifre da África, mais de 13 milhões de habitantes foram afetados pela seca.

Com base em observações e modelos climáticos, os cientistas do Serviço Geológico dos EUA (USGS) e da Universidade da Califórnia ressaltam que, se nada for feito para deter o aquecimento global, as águas do Oceano Índico, que já são quentes, terão sua temperatura ainda mais elevada, aumentando dramaticamente os estragos.

Para avaliação de Vocês que são investigadores do tema, apresento resumo do estudo dos professores Park Williams e Chris Funk, do Departamento de Geografia da Universidade da Califórnia, Santa Barbara, publicado em 4 de janeiro de 2011, no *Springerlink:*

> *Observações e simulações relacionam emissões antropogênicas de gases de efeito estufa e de aerossol com o rápido aumento de Temperaturas da Superfície do Mar (TSM) do Oceano Índico. Nos últimos 60 anos, o Oceano Índico aqueceu de duas a três vezes mais rapidamente que a área tropical central do Pacífico,*

estendendo a "piscina tropical" de água quente a oeste por aproximadamente 40º de longitude. Essa propensão ao rápido aquecimento no Oceano Índico tem sido o modo dominante da variação interanual da TSM na área tropical dos Oceanos Índico e Pacífico desde 1948, explicando mais variações do que anomalias associadas ao El Niño. (...) O aquecimento diabático (que envolve transferência de calor) por causa do aumento da condensação do vapor da água na troposfera média evoca uma resposta atmosférica na direção do oeste que envia um fluxo leste de ar seco no alto, rumo ao leste da África. Em décadas recentes (1980-2009), essa resposta tem suprimido o movimento vertical do ar sobre a área tropical do leste da África, diminuindo o índice pluviométrico durante a temporada de "longas chuvas", entre março e junho. ***Essa tendência à seca*** *contrasta com as projeções de aumento de chuva no leste da África e condições globais parecidas com o "El Niño", feitas pelo Painel Intergovernamental de Mudança Climática. O aumento da TSM do Oceano Índico aparenta continuar a modular fortemente a circulação da "piscina quente", reduzindo o índice pluviométrico no leste da África.* ***Esses resultados têm terríveis consequências na segurança alimentar, no desenvolvimento agrícola, na conservação ambiental e no planejamento de recursos hídricos.*** (Os destaques são nossos.)

Não temos outra morada física senão a Terra

Andamos alegremente esquecidos de que somos criaturas dependentes da Mãe Natureza; portanto, devemos cuidar muito bem dela. Quanto às Profecias, não são para apavorar. Pelo contrário, servem de aviso milenário. Assustador é o que faz o ser humano. As predições são alertamentos de Deus a respeito deste fato: se prosseguirmos como vamos indo, **usando mal o nosso livre-arbítrio**, as consequências serão tais, tais e tais. As admoestações dos Profetas, pois, não são para atemorizar ou mesmo "visões" de quaisquer doidivanas. Na verdade, debiloide é a ação de gente considerada prática, e que de prática não tem nada, mas, sim, de gananciosa e suicida, porquanto não temos outra morada a não ser este sofrido planeta, cuja paciência vai-se flagrantemente esgotando. Razão por que Jesus, o Profeta Divino, no Seu Evangelho consoante Mateus, 24:21, diz, ao se referir à **Grande Tribulação**, que **esta será como nunca vista, desde a fundação do mundo, nem jamais se repetirá**. Tal fato de tamanha envergadura **não se deu na Terra ainda**. Pelo menos no período em que nós, seres humanos, passamos a habitar sobre a sua face. E aqui a transcrição do versículo 22: ***"Se Deus não abreviasse aqueles dias, nem os escolhidos seriam salvos"*.**

"Último Armagedom"

Afirmo sempre: sem o Novo Mandamento de Jesus, que Zarur apresentava como Chave da Vida e Chave da Morte, até as Divinas Leis, no coração dos que não sabem amar por não conhecerem e não cumprirem o Mandamento do Senhor da Terra, podem ser usadas como ferramentas de tirania. **Porquanto, infelizmente muita vez o ser humano rebaixa as grandes ideias às suas restritíssimas capacidades de entendimento diante do infinito dos Universos.** Perde o seu tempo, atrasa a sua evolução espiritual, porque a Lei de Deus não vai se perturbar por causa da ação mesquinha do homem.

Finalizo com estas confortadoras palavras deixadas por Alziro Zarur:

> — *O último Armagedom passará, como passarão todas as guerras, todos os sectarismos, os ódios, as doenças, as baixezas e todos os horrores da vida e da morte. E vocês verão um novo Céu e uma nova Terra. Formarão — diante de Deus — um só Rebanho para um só Pastor, serão as ovelhas escolhidas pela Boa Vontade, assinaladas pelo Novo Mandamento do Cristo, o Amor eterno, sem divisionismo e sem farisaísmo, o Amor sem fim, que vem de Deus para os filhos que O amam, amando a terra e amando o céu.*

Profeta Isaías, Apocalipse e Lei de Causa e Efeito (VII)

O que está havendo com o planeta?

O que está havendo com o planeta Terra? Lembrem-se de que **agora tudo é mais rápido**. Ouve-se falar e se assiste em tempo real sobre a expansão de desertos onde havia florestas frondosas, a ponto de a ONU dedicar os anos de 2010 a 2020 ao tema da desertificação; seca em locais onde jamais ocorrera tal coisa. E o pessoal continua dizendo impropriedades a respeito do Apocalipse, **como se ele fosse o culpado de tudo**.

Por acaso, são as folhas de papel nas quais estão impressas as profecias bíblicas que provocam essas catástrofes, ou nossa estupidez militante e ganância sem termo?

Pare um pouco para pensar, cesse de falar mal das Profecias Finais, porque as visões de João, Evangelista e Profeta, **não acionam esses fatos, apenas os anunciam**. Ora, só amigo adverte amigo. Aquele que se finge de amistoso não tem coragem para contar a verdade, quer estar bem com a pessoa que diz amar — **e não há nada pior que o amor falso, essa é a suprema maldade**. Não estou me referindo somente ao sentimento entre casais, todavia, entre as criaturas, sobretudo o que singularize o perfeito relacionamento humano, social, filosófico, político, científico, religioso.

Vivemos, há séculos, tentando fazer sucumbir a Mãe Terra, tirando-lhe pouco a pouco a vida. Apenas não nos podemos esquecer de que tal atitude nos atingirá em cheio. **Humanamente também somos Natureza.**

Então, por que a surpresa com o Discurso do Cristo no Seu Evangelho segundo Mateus, 24:15 a 28, sobre *"a Grande Tribulação como nunca houve nem jamais se repetirá na face da Terra"*? Nós mesmos estamos ajudando a montá-la!

O pastor Jonas Rezende, ainda em seu livro *O Apocalipse de Simão Cireneu,* refere-se a essa distorção histórica:

> — *O Juízo Final poderia acontecer, não por arbítrio divino, não como um evento inevitável, como sempre se compreendeu, a partir das Escrituras, mas por conta da ação predatória do próprio homem.*

A profecia presente nos livros sagrados das diversas religiões

Siddharta Gautama

É fundamental destacar ainda a presença marcante da simbologia profética permeando as mais antigas tradições. Não apenas na Bíblia (Antigo e Novo Testamentos) identificamos os alertas divinos. Eles igualmente se encontram nas páginas dos livros sagrados de diversas crenças da Terra.

O Budismo e os Tempos vindouros

Siddharta Gautama, o Buda Shakyamuni — no Digha Nikaya 26 (Cakkavatti-Sihanada Sutta – O Rugido do Leão ao Girar a Roda), que faz parte do *Sutta Pittaka,* o segundo dos três grupos de textos que compõem as tradicionais Escrituras Canônicas do Budismo —, profetizou:

> *(...) Haverá forte inimizade, ódio violento, raiva violenta e*

> *pensamentos de matar, mãe contra filho e filho contra mãe, pai contra filho e filho contra pai, irmão contra irmão, irmão contra irmã, da mesma forma como o caçador sente ódio pelo animal que ele está caçando. (...) Haverá um tempo de "intervalo das espadas" de sete dias, durante o qual eles verão um ao outro como animais selvagens.*

E completa a profecia dizendo que haverá um tempo em que surgirá no mundo

> *(...) um Abençoado chamado Metteyya*[*1], *um Arahant, perfeitamente iluminado, consumado no verdadeiro conhecimento e conduta, bem-aventurado, conhecedor dos mundos, um líder insuperável de pessoas preparadas para serem treinadas, mestre de devas e humanos, desperto, sublime. (...)*

O Alcorão Sagrado e o Dia do Juízo

E no *Alcorão Sagrado*, na 82ª Surata — "Al Infitar" (O Fendimento), lemos:

> *Em nome de Deus, o Clemente, o Misericordioso.*
> *1 Quando o céu se fender,*

[*1] Metteyya, em páli, ou Maitreya, em sânscrito.

2 Quando os planetas se dispersarem,
3 Quando os oceanos forem despejados,
4 E quando os sepulcros forem revirados,
5 Saberá cada alma o que fez e o que deixou de fazer.
6 Ó humano, o que te fez negligente em relação ao teu Senhor, o Munificentíssimo,
7 Que te criou, te formou, te aperfeiçoou,
8 E te modelou, na forma que Lhe aprouve?
9 Qual! Apesar disso, desmentis o Juízo!
10 Porém, certamente, sobre vós há anjos da guarda,
11 Generosos e anotadores,
12 Que sabem (tudo) o que fazeis.
13 Sabei que os piedosos estarão em deleite;
14 Por outra, os ignóbeis irão para a fogueira,
15 Em que entrarão no Dia do Juízo,
16 Da qual jamais poderão esquivar-se.
17 E, o que te fará entender o que é o Dia do Juízo?
18 Novamente: o que te fará entender o que é o Dia do Juízo?
19 É o dia em que nenhuma alma poderá advogar por outra, porque o mando, nesse dia, só será de Deus.

Antigo Egito e época do renascer

No antigo Egito, no *Livro dos Mortos,* também observamos profecias acerca dos tempos vindouros. Uma

A esfinge de Gizé no Egito. O enigma da esfinge: *"Decifra-me ou te devoro"*.

Krishna-Dwaipayana Vyasa

delas, não bíblica, é por muitos pesquisadores tida entre as mais remotas de que se tem notícia:

> — *Quando cessarem os massacres, o sangue dos impuros esfriará, e a terra, novamente composta em sua plenitude,* ***se cobrirá mais uma vez de flores e de novos frutos****. (...) Haverá uma* ***maravilhosa harmonia*** *nessa* ***época de renascer****.* (Os destaques são nossos.)

Hinduísmo e Fim das Eras

No *Mahabharata*, um dos textos sagrados mais importantes do Hinduísmo e um dos maiores épicos em sânscrito da Índia antiga, cuja autoria é atribuída a **Krishna-Dwaipayana Vyasa**, no seu terceiro livro, *Vana Parva*, no capítulo CLXXXIX (189), "Descrição do fim do Kali Yuga" ("Era da escuridão"), que, em outras palavras, versa sobre o **Fim dos Tempos**, encontramos:

— *(...) Tudo isto se realizará no fim do Yuga, e saiba que estes são os sinais do fim do Yuga. (...) E o mundo estará tão atormentado. (...) E todos os pontos do horizonte estarão flamejantes, e as estrelas e grupos estelares estarão desprovidos de luminosidade, e os planetas e conjunções planetárias serão inauspiciosos. E a direção dos ventos será confusa e agitada, e inúmeros meteoros flamejarão pelo céu, pressagiando mal. E o Sol aparecerá com seis outros do mesmo tipo. E tudo em volta será estrondo e tumulto, e em todos os lugares haverá conflagrações. E o Sol, da hora do seu nascimento até aquela de se pôr, estará envolvido por* ***Rahu***[*2]*. E a divindade de mil olhos derramará chuva fora de época (...), as colheitas não crescerão em abundância. (...) E quando aqueles tempos terríveis estiverem terminados, a criação começará de novo. E os homens serão criados novamente (...). E as nuvens começarão a derramar chuva de acordo com a estação, e as estrelas e conjunções estelares se tornarão auspiciosas. E os planetas, girando devidamente em suas órbitas, se tornarão extremamente propícios. E por toda parte haverá prosperidade e abundância e saúde e paz.*

[*2] **Rahu** — Na mitologia hindu é responsável pelos eclipses.

Zaratustra

Zoroastrismo e Final dos séculos

Na obra *A reencarnação através dos séculos*, a escritora Nair Lacerda nos apresenta importantes comentários sobre o Zoroastrismo*3 — também conhecido como Mazdeísmo, Magismo ou, ainda, Parsismo —, cujo fundador foi **Zaratustra** ou Zoroastro. Diz a autora:

> *A mais antiga coleção de livros sagrados da Pérsia chama-se Zend-Avesta — comentário da revelação. (...) No final dos séculos,* ***Ahura-Mazda*** *vencerá* ***Ahrimán****, assim como o arcanjo* ***Shraosha****, o obediente, vencerá* ***Aeshma****, o demônio. Então, uma virgem conceberá de Zoroastro um Messias, que*

*3 Como esclarece a escritora Nair Lacerda, de acordo com uma lenda sagrada, os anjos teriam levado Zoroastro a Ahura-Mazda (grande sábio, que representa o bem) para receber as leis. Os que praticam o mal na Terra, os perversos, ajudam Ahrimán (o senhor dos espíritos malignos), enquanto os virtuosos aumentam as forças de Ormuz (ou Ahura-Mazda).

irá ressuscitar os mortos. Os bons serão separados, mas os maus não sofrerão penas eternas, pois serão purificados por um incêndio e então toda a humanidade ficará em adoração diante de Ormuz.

Papa João Paulo II

Monsenhor Corrado Balducci (1923-2008)

O Terceiro Segredo de Fátima

Prometi apresentar-lhes um assunto notável, porque muita gente não sabe que o segredo de Fátima, o terceiro, não é mais tão reservado. Por isso, vou passar a palavra ao padre **Léo Persch**. Em seu livro *Parusia ou a próxima Volta de Cristo*, no capítulo "Fátima", encontramos — "Profecia e realidade":

*Numa de suas viagens, **João Paulo II** foi colhido de surpresa por um grupo de repórteres, que lhe perguntaram: "Em que consiste o segredo de Fátima? Ele não devia ser publicado em 1960? Por que não o foi?" Resposta: "Por causa* *da gravidade do conteúdo e para não desencorajar o poder mundial do comunismo a realizar certos empreendimentos, os meus antecessores escolheram diplomaticamente protelar sua publicação. Por outro lado, se lemos que os oceanos inundarão grandes extensões do mundo, que de um momento para outro milhões de pessoas perecerão, não é o caso de se gritar tanto pela divulgação de um tal segredo... O mais importante é estarmos preparados e fortes, confiados em Jesus e Sua Mãe". E tomando o terço na mão, disse: "Eis o remédio contra o mal. Rezem, rezem, e não perguntem mais nada. Confiem tudo o mais a Nossa Senhora".*

Estas palavras foram proferidas em Fulda (Alemanha), em 1981, e a pergunta do repórter certamente foi motivada pela publicação, no "L'Osservatore della Domenica" (jornal do Vaticano), de uma matéria do padre ***Corrado Balducci****, intitulada "Profecia e realidade", na qual se dava a público o que seria a parte essencial do terceiro segredo de Fátima. (...)*

Quanto a 2012

Ricardo Lindemann, mestre em astrologia, membro do Conselho Mundial da Sociedade Teosófica Internacional, apresenta sua análise a partir do estudo da influência dos astros no curso dos acontecimentos no planeta:

Por outro lado, o fim do Calendário Maia previsto para o solstício de 21 de dezembro de 2012 (...) não apresenta mais do que duas quadraturas significativas de Urano com Sol e Plutão. Dessa forma, não parece justificar as graves mudanças que alguns creem que deverão ocorrer nessa data.

Alguns argumentam que o alinhamento galáctico traria forças maiores diretamente do centro da galáxia, e portanto de fora do sistema solar, mas deveria haver algum indício significativo refletido mesmo no nível menor de um mapa astral calculado apenas dentro do nosso sistema solar, pois, caso contrário, estaria-se ferindo o Grande Princípio Hermético, ou Princípio da Correspondência, no qual toda a Astrologia sempre se baseou.

Isso seria o mesmo que quebrar as leis básicas da natureza e afirmar absurdamente que o macrocosmo entraria em contradição ou desarmonia com o microcosmo, não mais refletindo este reciprocamente. Porém, Einstein também dizia que "Deus não joga dados com o mundo". Portanto, caso se compare o mapa astral do fim do Calendário Maia com o mapa do eclipse de 11 de agosto de 1999, mesmo um leigo é capaz de observar que os dois estão longe de apresentar a mesma magnitude de aspectos.

Dessa forma, não há indicativos de um fim do mundo em 2012, pois isso não aconteceu nem mesmo em 1999, onde se apresentaram indícios muito maiores. (...)

Allan Kardec

Kardec e as Palavras Proféticas de Deus

Em *A Gênese*, de Allan Kardec (1804-1869), o Codificador do Espiritismo, no capítulo XVIII (18), intitulado "São chegados os tempos", acha-se importante ponderação acerca da Palavra Profética:

> *1. São chegados os tempos, dizem-nos de todas as partes, marcados por Deus, em que grandes acontecimentos se vão dar para regeneração da Humanidade. Em que sentido se devem entender essas palavras proféticas? Para os incrédulos, nenhuma importância têm; aos seus olhos, nada mais exprimem que uma crença pueril, sem fundamento. Para a maioria dos crentes, elas apresentam qualquer coisa de místico e de sobrenatural, parecendo-lhes prenunciadoras da subversão das leis da Natureza. São igualmente errôneas ambas essas interpretações; a primeira, porque envolve uma negação da Providência; a segunda,*

porque tais palavras não anunciam a perturbação das leis da Natureza, ***mas o cumprimento dessas leis.*** (O destaque é nosso.)

Nao Deguchi

Oomoto e profecias

No *Fudesaki*, escritura sagrada da Oomoto — religião de origem japonesa fundamentada no Xintoísmo, com preceitos universalistas — composta por sua fundadora, **Nao Deguchi** (1836-1918), podemos ler:

— *(...) O modo arbitrário e egoísta de administrar transformou o mundo num matadouro, onde os mais fortes espoliam os mais fracos. Abandonado neste estado, o mundo perecerá. Para que o mundo não se torne em morada de monstruosas bestas humanas,* ***deverá transformar-se em um novo mundo****, por meio de rigoroso acrisolamento (purificação) e reconstrução (e para isso)* ***já é chegado o Tempo****.* (Os grifos são nossos.)

Pietro Ubaldi

Pietro Ubaldi e transformação

No capítulo "Os Tempos são chegados" do livro *Profecias*, de autoria do filósofo italiano **Pietro Ubaldi** (1886-1972), encontramos:

> ***Uma grande transformação se aproxima para a vida do mundo.*** *(...) Assim como a última molécula de gelo faz desmoronar o "iceberg" gigantesco, assim também de uma centelha qualquer surgirá o incêndio (...). A destruição, porém, é necessária. Haverá destruição somente do que é forma, incrustação, cristalização, de tudo o que deve desaparecer, para que permaneça apenas a ideia, que sintetiza o valor das coisas (...). Grande mal, condição dum bem maior. Depois disto, a humanidade, purificada, mais leve, mais selecionada por haver perdido seus piores elementos, reunir-se-á em torno dos desconhecidos que hoje sofrem e semeiam em silêncio, e retomará, renovada, o*

caminho da ascensão. ***Uma nova era começará*** *(...).* (Os destaques são nossos.)

Nostradamus

Zarur, Nostradamus e o Monstro

Transcrevo aqui o trecho que encerra a "18ª Chave Bíblica da Volta Triunfal de Jesus", escrita por Alziro Zarur, que publiquei no *Livro de Deus* — "A **Grande Tribulação**, como nunca houve nem haverá jamais no planeta Terra":

> ***Para encerrar*** *esta chave da Grande Tribulação, volta o Apocalipse de Jesus segundo São João, VIII: 10 e 11 — "O terceiro Anjo tocou a trombeta, e* ***uma grande estrela****, ardendo como tocha, caiu do céu sobre a terça parte dos rios e sobre as fontes das águas. O nome da estrela é* ***Absinto****; e a terça parte das águas se tornou em absinto, e muitos homens morreram por causa dessas águas, porque se torna-*

ram amargosas". Para esta volta cíclica, ***Nostradamus*** *escreveu: "Quando os tempos forem chegados, haverá uma grande transformação, de tal modo que* ***muitos julgarão*** *a Terra* ***fora de órbita****" (Carta a* ***Henrique II****). Escreveu, ainda, que "****a Terra não ficará eternamente inclinada****". Quem primeiro falou nesse* ***astro do Apocalipse*** *foi, sem dúvida, Nostradamus: "O Sol, eclipsado por Mercúrio, passará para um novo céu. O Anti-Cristo destruirá tudo, para a última batalha" (Centúria 4:29); "Quando o Sol ficar completamente eclipsado, passará em nosso céu um novo corpo celeste,* ***o Monstro****, que será visto em pleno dia" (Centúria 3:34); "Por 40 anos, esse astro ficará invisível a olho nu; por 40 anos, será visto por meio de lentes.* ***Haverá grande dilúvio quando for visto a olho nu****" (Centúria 1:17). Esse* ***Monstro****, como o definiu Nostradamus, levará em seu bojo todos aqueles que corromperam a Terra. Só ficarão neste planeta os que permanecem com o Cristo, perseverando até ao fim. Portanto, como diz Jesus,* ***"Bem-aventurados os que ouvem e guardam as palavras do meu Apocalipse!"****.*

Roustaing e o Sermão Profético

Em *Os Quatro Evangelhos* ou *Revelação da Revelação,* de **Jean-Baptiste Roustaing** (1806-1879), podemos ler estes esclarecedores comentários a respeito do Sermão Profético ou Sermão do Fim do Mundo, em especial no versículo 21 do 24º capítulo do Evangelho de Jesus segundo Mateus:

> "— *Pois que a grande tribulação desses dias será tal como nunca houve desde o princípio da criação do universo até agora, nem haverá jamais*".

Tendo em vista aquelas catástrofes e reportando-vos ao que já vos foi dito sobre a depuração e a transformação *que se hão de efetuar, deveis compreender as palavras acima do seguinte modo: desde que se formou o globo em que habitais, suas transformações não têm ido além de um aperfeiçoamento da matéria, ao passo que as que se hão de produzir transformarão* progressivamente essa *mesma matéria em substâncias fluídicas apropriadas às necessidades dos novos corpos humanos. Maior, portanto, do que as até então sofridas será a aflição desses dias vindouros,* quer do ponto de vista das subversões físicas parciais, da natureza e do caráter delas, quer do ponto de vista das consequências que daí advirão para os Espíritos obstinadamente rebeldes ao progresso, ou retardatários, *os quais, ao tempo daquela depuração e transformação, se verão afastados do vosso e relegados para planetas inferiores.*

Não esqueçais, todavia, que o Senhor jamais *privará qualquer de Seus filhos, por pequenino que seja, por mais culpado que possa ser, da faculdade e dos meios de se tornar melhor. Os que forem exilados deixarão de encarnar no vosso planeta, mas as suas reencarnações sucessivas seguirão seu curso, se bem que em outros meios, até que, tendo-se emendado, os culpados hajam merecido, pelo relativo progresso moral e intelectual que conseguiram realizar, voltar à primitiva pátria.*

Folhas de papel bíblicas

E o pessoal continua dizendo impropriedades a respeito do Apocalipse, como se ele fosse o culpado de tudo.
Por acaso, são as folhas de papel nas quais estão impressas as profecias bíblicas que provocam essas catástrofes, ou a nossa estupidez militante e ganância sem termo?

Os comedores de batatas *(1885), de Vincent van Gogh.*

PROFETA ISAÍAS, APOCALIPSE E LEI DE CAUSA E EFEITO (VIII)

Les Misérables ontem e hoje

Retomando minha pregação de 2005, ressalto: Quanto ainda precisamos aprender neste mundo! Sem falar do que necessitamos compreender a respeito do **Outro**, o Invisível.

Quando Jesus diz: "*A cada um de acordo com as suas obras*" — não está determinando a punição aleatória de ninguém porque Ele resolveu que deveria ser assim... É que, se não houver esse conceito do Mestre em evidência, algo cresce muito: a impunidade com

Victor Hugo

Confúcio

todos os seus corolários. Suas resultantes tantas vezes trágicas representam um reino da falta de vergonha, em que se prende quem rouba um pão, como em *Les Misérables*[*1], de **Victor Hugo** (1802-1885), e se deixa cinicamente livre aquele que assalta a pátria. Estes levam à miséria e ao desespero multidões. Elas, por terem sido mantidas incultas e mal informadas, demoram a entender o

[*1] ***Les Misérables*** — O poeta, romancista, teatrólogo e político Victor Hugo escreveu uma obra grandiosa e variada, sendo o porta-voz, na poesia, do Romantismo na França. Quando a Revolução de 1848 é deflagrada, Victor entusiasma-se com os ideais revolucionários das camadas mais pobres. Eleito deputado, transforma-se em um dos mais eloquentes opositores de **Luís Napoleão**. Quando **Napoleão, o Pequeno**, se torna imperador, é obrigado a exilar-se. Nessa época, escreve dois clássicos da literatura mundial: *La Légende des Siècles (A Lenda dos Séculos,* a primeira série dessa obra foi publicada em 1859, e a terceira e última, em 1883) e o romance *Les Misérables* (Os Miseráveis). Neste último livro, que redigiu de 1845 a 1861, traz um retrato chocante da França após a derrota de **Napoleão Bonaparte** em Waterloo, contando a história de **Jean Valjean**, que foi preso por 19 anos e teve toda a vida transformada por ter roubado algo para comer. Foi cruelmente perseguido por um policial que não acreditava na sua inocência, **Javert**, até que este suicidou-se no rio Sena.

dano que lhes é feito por quem as deveria favorecer. Por isso, não basta instruir, é urgente espiritualizar. Quem, na realidade, eleva o Espírito precata-se de se valer do seu conhecimento como se fora um assaltante de beira de estrada.

O Evangelho de Jesus sobrevive porquanto expande uma forte mensagem espiritual, moral (eu não disse moralista), ética, humana, social. Ao estudá-lo, em Espírito e Verdade à luz do Novo Mandamento do Cristo Ecumênico, o Divino Estadista, portanto, Planetário[*2], passamos a assimilar — com o fluir do *"Tempo que é o grande Ministro de Deus"*[*3] — o conceito de Justiça aliado à Bondade, jamais na conivência com o mal. A questão é não nos transformar em cúmplices do que está errado, mas incorporar à Alma essa elevada aliança com o sentimento de benevolência que nasce do coração humano, criado por um Deus que, na definição de Jesus por intermédio de João Evangelista, **é Amor**. No desejo de tornar mais claro o raciocínio, digo-lhes que sempre me alinhei a **Confúcio** (551-479 a.C.) quando afirma, do alto de sua sabedoria milenar, que *"paga-se a Bondade com a Bondade, e o mal com a Justiça"*. Prosseguindo sobre assunto tão vital (imprescindível), há muitos anos, numa pregação de improviso que proferi no Rio de Janeiro/RJ,

[*2] **Cristo Planetário** — Trata-se de Jesus, Nosso Senhor.

[*3] **Nota de Paiva Netto** — *"O Tempo é o grande Ministro de Deus"*, pensamento muitas vezes citado por Alziro Zarur.

Auta de Souza

declarei que a Justiça de Deus é a expressão verdadeira do Amor. Vejam que eu disse **de Deus**, não de qualquer criatura que Nele se arvore, atrevendo-se a sentar no Seu Trono e decidir sobre a vida humana como se Ele próprio fosse. A advertência de Jesus, o Profeta Divino, em Seu Evangelho consoante Marcos, 13:21 a 23, no capítulo que anuncia a Grande Tribulação de que temos falado neste livro, é clara:

> *21 Então, se alguém vos disser: Eis aqui o Cristo! Ou: Ei-lo ali! Não acrediteis;*
> *22 pois surgirão falsos cristos e falsos profetas, operando sinais e prodígios, para enganar, se possível, os próprios eleitos.*
> *23 Estais vós de sobreaviso; tudo vos tenho predito.*

(...) O amadurecimento ir-nos-á revelando essa Augusta Face do Pai Celestial, **a qualidade pedagógica do Seu Amor e de Sua Justiça**. O Espírito **Auta de Souza** (1876-1901) mostra-nos um caminho para decifrar esse mecanismo universal pelo que Deus transforma devedores de Sua Lei em notáveis agentes dela:

Contrastes[*4]

Existe tanta dor desconhecida
Ferindo as almas pelo mundo em fora,
Tanto amargor de espírito que chora
Em cansaços nas lutas pela vida;

E há também os reflexos da aurora
De ventura, que torna a alma florida,
A alegria fulgente e estremecida,
Aureolada de luz confortadora.

Há, porém, tanta dor em demasia,
Sobrepujando instantes de alegria,
Tal desalento e tantas desventuras,

Que o coração dormente, a pleno gozo,
Deve fugir das horas de repouso,
Minorando as alheias amarguras.
(O destaque é nosso.)

[*4] Psicografia de Chico Xavier.

Anotaram bem? **Eis o caminho da Política de Deus: faça a criatura entender o Mecanismo de Salvação do Seu Criador**, que conclama

> *(ao) coração dormente, a pleno gozo,*
> *(...) fugir das horas de repouso,*
> ***Minorando as alheias amarguras.***

E por falar nesse sublime **sentir e agir**, lembremo-nos continuamente do Mandamento Novo do Divino Chefe*5, constante de Seu Evangelho segundo João, 13:34 e 35; 15:13 e 9º:

> — *Novo Mandamento vos dou: Amai-vos como Eu vos amei. Somente assim podereis ser reconhecidos como meus discípulos, se tiverdes o mesmo Amor uns pelos outros. (...) Não há maior Amor do que doar a própria Vida pelos seus amigos. (...) Porquanto, da mesma forma como o Pai me ama, Eu também vos amo. Permanecei no meu Amor.*

Alziro Zarur — que definiu essa notável Lei do Cristo como ***"a Essência de Deus"*** — muito acertadamente completava:

---

*5 **Divino Chefe** — Jesus.

— E Jesus deu a Sua existência até por aqueles que se consideravam Seus adversários.

Ninguém está condenado eternamente

Excelente a conclusão do sempre lembrado escritor de *Poemas da Era Atômica.* (...) À medida que o tempo vai transcorrendo, por meio das vidas sucessivas, todos vão entendendo e vivenciando, pela Dor ou pelo Amor, as lições libertadoras do Pedagogo Celeste, por força de Suas palavras e de Seus exemplos.

Oportuna é a palavra esclarecedora do Irmão **Clarêncio** em construtivo diálogo com **Hilário**, na obra *Entre a Terra e o Céu,* de André Luiz[*6]:

—Todos nos achamos na grande marcha de crescimento para a imortalidade. Nas linhas infinitas do instinto, da inteligência, da razão e da sublimação, permanecemos todos vinculados à lei do renascimento como inalienável condição de progresso. Atacamos experiências múltiplas e recapitulamo-las, tantas vezes quantas se fizerem necessárias, na grande jornada para Deus.

[*6] Psicografia de Chico Xavier.

Ninguém está condenado à danação eterna, senão o demônio seria bem mais poderoso que Deus, e a Criação Divina seria uma satânica comédia, com licença do **Alighieri**[*7] (...).

Forte mensagem espiritual

O Evangelho de Jesus sobrevive porquanto expande uma forte mensagem espiritual, moral (eu não disse moralista), ética, humana, social. Ao estudá-lo, em Espírito e Verdade à luz do Novo Mandamento do Cristo Ecumênico, o Divino Estadista, portanto, Planetário, passamos a assimilar — com o fluir do "*Tempo que é o grande Ministro de Deus*" — o conceito de Justiça aliado à Bondade, jamais na conivência com o mal.

[*7] **Alighieri, Dante** — Autor da *Divina Comédia*, poema épico que narra uma odisseia pelo Inferno, Purgatório e Paraíso. Dante nasceu em Florença, na Itália, no ano de 1265. Exilado em Ravena, morreu em 1321.

Retirantes *(1944), de Cândido Portinari.*

Profeta Isaías, Apocalipse e Lei de Causa e Efeito (IX)

Mas quando os governos compreenderão isso?

Afirmou a famosa biógrafa, crítica literária e tradutora **Lucia Miguel Pereira**[*1] (1901-1959) ao seu neto, **Antonio Gabriel de Paula Fonseca Jr.**:

*[1] **Lucia Miguel Pereira** — Filha do conhecido médico sanitarista **Miguel Pereira** (1871-1918), Lucia era casada com o ilustre ministro **Octavio Tarquínio de Sousa** (1889-1959), historiador e ex-Presidente do TCU. O casal, sensível e culto, transformou sua residência no Rio de Janeiro em democrático ponto de encontro da intelectualidade da então capital da

— *Se eu puder te incutir a convicção de que a vida só é útil, só é digna, só é feliz quando dedicada ao cumprimento de um dever, não me terei esforçado em vão para educar-te.*

O povo a quem são negadas Educação, Instrução e Espiritualização Ecumênica torna-se fraco diante dos mais preparados. *Ipso facto*, sua pátria será dependente, escrava mesmo, das demais.

E não é bastante o zelo à cultura, clássica e/ou popular, **pois é preciso que esteja aliada ao Sentimento Sublime que vem de Deus** (entendido como Amor Ecumênico Solidário). Desprezar esse princípio é condenar as populações espirituais e terrestres[*2] ao pior cativeiro, em geral resultante em guerras de todas as expressões.

República. Entre os frequentadores estavam **Afonso Arinos de Melo Franco, Alceu de Amoroso Lima, Álvaro Lins, Astrojildo Pereira, Aurélio Buarque de Holanda, Cândido Portinari, Carlos Drummond de Andrade, Carlos Lacerda, Heloísa Alberto Torres, José Américo, Manuel Bandeira, Rachel de Queiroz** e **Vinicius de Moraes**. Em 22 de dezembro de 1959, Octavio Tarquínio e sua companheira Lucia morreram num acidente aéreo sobre o Rio de Janeiro. Em 2010, o neto do casal, o engenheiro Antonio Gabriel de Paula Fonseca Jr., conseguiu realizar a doação da biblioteca que possuíam à Procuradoria-Geral do Estado do Rio de Janeiro. Hoje é chamada Biblioteca Octavio Tarquínio de Sousa / Lucia Miguel Pereira.

[*2] **"As populações espirituais e terrestres"** — Vejam nos livros de André Luiz, psicografados por Francisco Cândido Xavier, a existência de massas espirituais ignorantes, que superlotam o Umbral. É região de sombras e sofrimentos, construída e plasmada pela mente humana em desvario, recalcitrante no mal, doente e revoltosa. Lá, o Espírito culpado pelo sofrimento que ele mesmo provocou se compunge e é levado a rever seus crimes e se preparar para novas oportunidades de vida no orbe.

Já concluíra, em sua obra *A Democracia na América*, o pensador político francês **Alexis de Tocqueville** (1805-1859):

Alexis de Tocqueville

> — *(...) É preciso que os legisladores das democracias e todos os homens honestos e esclarecidos que nelas vivem se apliquem constantemente a elevar as almas e a mantê-las voltadas para o céu.*

Contudo, convém repetir: **quando os governos compreenderão isso?** Creio ser necessário que estudem o Espiritualmente Revolucionário Novo Mandamento do Cristo Ecumênico, o Democrata de Deus, Estatuto Celeste do bem governar. Não esquecendo de socorrer o corpo, elevar as Almas à conquista de seu direito à Cidadania Espiritual, a Cidadania Ecumênica. Exercer a Caridade do Mandamento Divino na administração pública; socorrer o povo em suas necessidades mais urgentes de educação, emprego, moradia, saúde, saneamento básico, transporte, qualidade de vida nos grandes centros, hoje, inundados por gases nocivos de toda espécie.

Caridade é isto: bem servir os seus cidadãos. Já disse e repito: **o poder só serve enquanto serve... ao povo.**

A extensão da Caridade

As boas obras são Caridade não apenas na Religião, mas também na Ciência, na Filosofia, na Política, na Economia, no Esporte, na Arte, na vida pessoal e na coletiva, conforme lhes explicarei mais adiante. A Caridade é tão fundamental para a sobrevivência da criatura e da Humanidade, que a respeito dela assim definiu o Apóstolo Paulo, na Primeira Epístola aos Coríntios, 13:13:

> — *Agora, pois, permanecem a Fé, a Esperança e a Caridade. Destas três, porém,* ***a maior é a Caridade****.*

O benemérito dr. Adolfo Bezerra de Menezes, ilustre político brasileiro, conhecido como o Médico dos Pobres, em seu artigo "O Homem Carnal e o Espiritual", publicado no jornal *O Paiz*, no século 19, classificou:

> — *A Caridade é a sublime virtude recomendada pelo Cristo; ela unifica, individualmente, o Amor de Deus e o Amor do próximo.*

Erasmo de Rotterdam (?1469-1536) classifica a Caridade, no seu famoso *Elogio da Loucura*, como fator básico para a subsistência, por ocasião do Fim dos Tempos:

— *O Juiz de toda a terra (o Cristo)*[*3]*, no último dia, (...) pedirá contas apenas pela administração de Seu legado, que foi a lei do amor e caridade*[*4].

Erasmo de Rotterdam

Martinho Lutero

Lutero, Fé e Boas Obras

Aqui um texto de minha autoria, que publiquei em *Reflexões da Alma*, primeira edição, 2003:

Um dos maiores questionamentos de boa parte daqueles que desejam a salvação espiritual é *"O que mais agrada a Deus?"*. **Martinho Lutero** (1483-1546), o reformador, tem a resposta, citada pelo professor **Leônidas Boutin**:

— *Ter Fé verdadeira e inabalável na Palavra de Deus, que está contida nas Sagradas Escrituras. E*

*3 **O Cristo** — Conforme a tradução do latim para o inglês feita por **John Wilson**, em 1668.

*4 Traduzido a partir da obra original em inglês.

> *quem tem verdadeiramente fé há de praticar boas obras, isto é, amará ao próximo, pois é impossível ter fé sem praticar boas obras, que são, assim, decorrências naturais e inevitáveis dela.*[*5]

Muhammad, o Profeta, e a prática do Bem

Exercitar o Bem é muito melhor. O contrário leva a criatura a lamentável estado de arrependimento, como demonstra o Profeta **Muhammad** (570-632) — "Que a Paz e as bênçãos de Deus estejam sobre ele" — no *Corão Sagrado*, versículo 12 da 32ª Surata (A prostração):

> — *Ah, se pudesses ver os pecadores, cabisbaixos, ante o seu Senhor! Exclamarão: Ó Senhor nosso, agora temos olhos para ver e ouvidos para ouvir! Faze-nos retornar ao mundo, que praticaremos o bem.*

Asseverou o Cristo Ecumênico, o Divino Estadista:

> — *A cada um de acordo com as próprias obras* (Evangelho segundo Mateus, 16:27).

[*5] Esta citação se encontra na abertura do livro *Da Liberdade Cristã*, de Martinho Lutero. O professor Leônidas Boutin iniciou a tradução dessa obra em 1958, com o apoio dos reverendos pastores **Heinz Soboll** e **Richard Wengan**, da Comuna Evangélica de Curitiba/PR, Brasil.

A Última Ceia *(1495-1498), de Leonardo da Vinci.*

Profeta Isaías, Apocalipse e Lei de Causa e Efeito (X)

Chave da Vida e Chave da Morte

Recordo-me de uma prece comovente em que o Irmão Zarur, o saudoso fundador da Legião da Boa Vontade, mais uma vez se refere ao Mandamento Novo do Cristo, chamando-o de Chave da Vida e Chave da Morte para a criatura humana, seu Espírito Eterno e seus povos. Por que dessa maneira aludia ao Novo Mandamento o Proclamador da Religião de Deus? É muito simples:

Chave da Vida: pois quem ama sem interesses escusos **realiza-se**, mesmo que o mundo inteiro esteja contra essa pessoa. Já aquele que não sabe o que é amar decreta contra si próprio ou contra si mesma a falência da Alma, **até que a Mestra Dor desperte esse Espírito para a sua verdadeira origem, que é o colo de Deus, o Amor Infinito**. Enquanto isso não for alcançado, o ser humano viverá a **Chave da Morte**, isto é, a frustração provocada pelo erro.

Deus, o ser humano e a prática do Bem

Zarur sempre dizia:

> — *E Deus criou o ser humano de tal forma que ele só pode ser feliz praticando o Bem.*

Ele não está afirmando que Você tenha de ser covarde, condescendente com o equívoco. Pelo contrário, isso não é ser humilde nem praticar o Bem; é ser pusilânime. A humildade é, acima de tudo, corajosa. Ademais, Você não se pode tornar criminoso para combater o crime. Deve, sim, com espírito de Justiça, iluminada pelo bom senso da Bondade, trabalhar pelo fortalecimento da estrutura institucional do seu país, para o que é indispensável que o povo receba a melhor das educações, que constitui a sublimada

Espiritualidade Ecumênica Solidária Altruística.

Ao fim deste capítulo, deixo à meditação de todos o que observou o sábio persa **Avicena** (aprox. 980-1037), em seu *Tratado sobre o Amor:*

Avicena

> — *As almas divinas, sejam elas humanas ou angelicais*[*1]*, não têm qualquer pretensão à divindade, se não adquirirem conhecimento do Bem Absoluto*[*2]*.*

E o velho Ibn Sina, seu verdadeiro nome, um dos maiores pensadores do Islã, célebre médico, filósofo, enciclopedista, matemático, astrônomo, sabia o que estava falando, afinal, era um polímata[*3], que também não esqueceu as ciências da Alma.

---

*1 **Comentário de Paiva Netto** — Portanto, Espíritos da Terra ou do Céu da Terra.

*2 Traduzido a partir da obra original em inglês.

*3 **Polímata** — Do grego *polymathēs*, "aquele que aprendeu muito". Diz-se daquele que tem profundos conhecimentos das várias ciências ou cujo conhecimento não se restringe a uma única área do saber.

Sátyro Marques

Jesus,

o Profeta Divino, a Fiel Testemunha, o Primogênito dos mortos

Partes de I a XV

Jesus, o Profeta Divino, a Fiel Testemunha, o Primogênito dos mortos — I

Humildade: chave do bom entendimento

Minhas amigas e minhas irmãs, meus irmãos e meus amigos, das palestras que fiz de improviso acerca do Livro das Profecias Finais, no rádio e na TV, no período de outubro de 1990 a fevereiro de 1992, apresento aqui trechos que publiquei na revista *Jesus Está Chegando* nº 105, de abril/maio/junho de 2009. Àquelas minhas explanações acrescentei adendos, comentários e passagens do Antigo e do Novo

Testamentos, os quais ratificam que a Revelação Divina permeia toda a Bíblia Sagrada. Convido-os a percorrer comigo a fascinante simbologia do Apocalipse e descobrir por que Jesus, o Cristo Ecumênico, o Político Excelso, é a expressão da mais fiel Testemunha de Deus, tendo por mérito ser o Primogênito dos mortos e o Soberano dos reis da Terra. A respeito do Profeta Divino, diz o Apocalipse, 19:10:

> — *O testemunho de Jesus é o espírito de profecia.*

Moisés, profeta e grande legislador hebreu, no capítulo 32 do livro Deuteronômio, versículo primeiro, no Antigo Testamento da Bíblia Sagrada, registra o seu pedido de atenção às potestades celestes — e ao povo que o acompanhava — para o que tem a proferir:

> — *Inclinai os ouvidos, ó céus, e falarei; e ouça a terra as palavras da minha boca.*

Já imaginaram o impacto dessas afirmativas sobre a multidão presente naquele cenário escaldante do deserto? A majestade do vasto firmamento comovendo-as, apesar do intenso calor? Trata-se da visão magnífica, notável, **do céu sem limites!**

Isso realça a imponência nascida do conteúdo da pregação que está sendo feita, do espírito daquilo que é revelado para sacudir a intimidade das pessoas. Não quer dizer que, quando formos pregar, sejamos soberbos. A magnitude é de Deus, não nossa. **A humildade é a chave do bom entendimento**[*1].

— *Porque assim diz o Altíssimo, o Sublime, que habita a eternidade, cujo nome é Santo: Habito no Alto e Santo Lugar, mas habito também com os aflitos e os humildes de espírito, para vivificar o espírito dos humildes e vivificar o coração dos aflitos* (Isaías, 57:15).

Antônio Vieira, Descartes e o valor da crítica

Por que estudamos aprofundadamente o Poder profético e a Autoridade de Jesus, autor do Apocalipse[*2]?

Alziro Zarur, Proclamador da Religião de Deus, contava que o padre **Antônio Vieira** (1608-1697), quando

[*1] Leia também "A humildade corajosa", constante da obra *Apocalipse sem Medo*, de autoria do escritor Paiva Netto. Com os livros *Somos todos Profetas* e *As Profecias sem Mistério*, forma a coleção "O Apocalipse de Jesus para os Simples de Coração", que já vendeu mais de 1,5 milhão de exemplares. O presente volume, *Jesus, o Profeta Divino*, passa a compor a série.

[*2] Leia mais sobre o tema em "Jesus, o Profeta Divino, a Fiel Testemunha, o Primogênito dos mortos", parte III. Também no livro *Somos todos Profetas*. Ligue: 0300 10 07 940.

Antônio Vieira

René Descartes

tomava conhecimento de algum ataque de que fora vítima, primeiro perguntava:

— *Quem foi que disse?!*

O efeito da crítica varia de significado consoante as condições morais, culturais ou espirituais de quem a pronuncia ou vive. De acordo com a qualidade do eventual oponente, o venerado religioso e orador sacro considerava se valia a pena responder-lhe ou não. Bem que, aqui entre nós, ele não era muito de ficar calado. Convém juntar à ponderação do célebre autor de *Sermões* o conceito do respeitado filósofo, matemático e físico francês **René Descartes** (1596-1650):

— *Quando me fazem uma ofensa, procuro erguer minha alma tão alto, que a injúria não pode alcançá-la* [*3].

[*3] Pensamento de René Descartes, publicado na revista *Boa Vontade* nº 26, agosto de 1958.

Álvaro Martins

Há também uma quadrinha, gravada pelos Soldadinhos de Deus, que sempre enriquece a programação da Super Rede Boa Vontade de Rádio, da lavra de um famoso poeta cearense, autor de *Capela Milagrosa*:

Do Mundo Espiritual, o recado de ***Álvaro Martins*** *(1868-1906):*

Verdade — rio fecundo;
Mentira — pedra a rolar.
A pedra fica no fundo,
O rio chega no mar.

Touché! "A criança ensina o homem", como dizia Zarur, no seu excelente poema de mesmo título:

Crianças estão cantando
Em frente à minha janela!
Neste mundo miserando,
Pode haver coisa mais bela?

A alegria que redime
Vai por toda a vizinhança...
Não há nada mais sublime
Que o cantar de uma criança!

Quando vier a tempestade,
Ameaçando o seu lar,
Haja só Boa Vontade:
Uma criança a cantar!

Deus as abençoe, crianças de Boa Vontade!

Fascinante simbologia

Convido-os a percorrer comigo a fascinante simbologia do Apocalipse e descobrir por que Jesus, o Cristo Ecumênico, o Político Excelso, é a expressão da mais fiel Testemunha de Deus, tendo por mérito ser o Primogênito dos mortos e o Soberano dos reis da Terra.

Sátyro Marques

Jesus, o Profeta Divino, a Fiel Testemunha,
o Primogênito dos mortos — II

Origem da Autoridade do Apocalipse

No tocante ao Livro das Profecias Finais, alvo de tantas censuras apressadas, é que me pronunciei acerca do incomparável valor que ele possui, **justamente por originar-se em Deus** e ter sido entregue por Jesus, o Profeta Divino, a João por intermédio de um Anjo (Espírito Superior). Nada mais elevado que isso: **a Revelação Profética é oriunda dos Páramos Celestes**.

Tenho ensinado aos Jovens Militantes da Religião de Deus, do corpo e da Alma, que não é produtivo ler livros simplesmente, **mas analisá-los**, de preferência em Espírito e Verdade à luz do **espiritualmente revolucionário** Novo Mandamento do Cristo Ecumênico, o Sublime Estadista, **a estrutura de um mundo novo** (Evangelho segundo João, 13:34 e 35; 15:12 a 17 e 9º). Por quê?! Porque — não se esqueçam, por favor, e nisso aprofundem o raciocínio — **o governo da Terra começa no Céu**. No Céu! Isso é, sociologicamente falando, para os que têm *"olhos de ver e ouvidos de ouvir"**[1], mais impactante do que foi o surgimento dos enciclopedistas, do Iluminismo; da doutrina de **Marx** (1818-1883); da *Rerum Novarum* (1891), de **Leão XIII** (1810-1903); da Teoria da Relatividade (1905), de Einstein (1879-1955), por exemplo. Não foi, pois, sem motivo que Alziro Zarur marcou o Mandamento de Jesus como *"Chave da Vida e Chave da Morte"* (ensinamento que foquei na edição nº 86 de *Jesus Está Chegando* e também está publicado aqui, em *"Profeta Isaías, Apocalipse e Lei de Causa e Efeito — X)"*.

Jamais temer defender a Verdade

A afirmação que acabo de proferir pode parecer exagerada às minhas irmãs e aos meus irmãos excessivamente

*1 ***"Veja quem tem olhos de ver, ouça quem tem ouvidos de ouvir"*** — Esta frase se encontra no *Corão Sagrado*, Surata 32 (As Sajda):12.

racionais, mas não é. Basta que, digo-o com humildade, sem negativas *a priori*, sem preconceitos intelectuais bastantemente cômodos, **raciocinem acerca da importância da Alma**. Já que falei em Alma, vem-me a juízo esta ponderação: vez por outra, surge um pensador que alegremente se apresenta contrário à realidade do Espírito e da Vida Eterna. Desde menino, aprendi que um dos fundamentos da notável Ciência, que tanto progresso tem trazido aos povos, é **a prova**. **Sim**, uma sólida comprovação que seja! Então, como um homem científico pode negar, alguns rudemente, a perenidade da Vida, que se prolonga pelo Mundo (ainda) Invisível, **se ele nem ao menos morreu**?! (risos) E se alguém, num repto, declara que eu igualmente, por enquanto, não passei desta para melhor (risos), contraponho-lhe o seguinte: pelo menos, **sem ideia preconcebida**, lancei-me humildemente ao estudo de pesquisadores renomados que, com grande autoridade, averiguaram em termos comprobatórios a expectativa da continuação da existência, não como carne, mas, sim, Espírito. E esses estudiosos que analisaram os fatos não temeram enfrentar, ao defender as suas conclusões pioneiras, o *status quo* da física convencional e, não raro, condicionada quando o assunto em pauta é o Espírito. No campo do pensamento não pode haver limites dogmáticos, e é de bom alvitre um pouco de bom humor civilizado.

A questão é vital, visto que a todo momento o Apocalipse trata da veracidade do Plano Invisível, portanto, da manifestação e da incessante permanência da Alma. E Deus, que não tem princípio nem fim, é Espírito. Leiam o Gênesis mosaico, 1:2:

— *(...) E o* ***Espírito de Deus*** *vagava sobre a face das águas.*

E para arrematar por ora o tema, não nos esqueçamos do que Jesus afirmou à samaritana junto ao Poço de Jacó, no Evangelho segundo João, 4:24:

— ***Deus é Espírito****.*

E Jesus completa dizendo que, por isso, importa que o Pai Celeste seja adorado em Espírito e Verdade. Troquemos o **adorado** por **pesquisado, estudado, investigado, enunciado,** e nos dirijamos ao luminoso campo da Ciência. Lá, apliquemos os verbos que acabamos de apresentar no particípio passado e nos lancemos, construtivamente curiosos que somos, no desvendamento dos seus segredos. Não esquecendo, porém, de que, **por ser Espírito, na revelação do sábio Jesus**, **dessa forma Deus**, o Supremo Arquiteto do Universo, como é chamado pelos irmãos maçons, **deve ser examinado**. Por consequência, os respeitáveis cultores da magnífica Ciência precisam, em primeiro lugar, digo-o apenas como sugestão, ousar pelo território espiritual.

Ciência da vanguarda

Escreveu, em sua obra *Nature and the Greeks* (A Natureza e os Gregos), o cientista austríaco, um dos principais desenvolvedores da mecânica quântica, Prêmio Nobel de Física (1933), **Erwin Schrödinger** (1887-1961):

> *De onde venho, para onde vou?*
>
> *A ciência não pode nos dizer uma palavra sobre por que a música nos traz satisfação, do porquê e como uma antiga canção pode nos levar às lágrimas.*
>
> *A ciência, neste último caso, cremos nós, pode, em princípio, descrever em detalhes tudo o que acontece em nosso sistema sensorial e "motor", do momento em que ondas de compressão e dilatação chegam ao nosso ouvido até o momento em que certas glândulas secretam um líquido salgado que emerge dos nossos olhos. Porém, acerca dos sentimentos de alegria e tristeza que acompanham o processo, a ciência é completa ignorante — e, por essa razão, reticente.*
>
> *A ciência também é reticente quando se trata da grande unidade — o Uno de Parmênides*[*2] *— de*

[*2] **Parmênides** (~530-460 a.C.) — É aclamado como o fundador da escola de pensamento de Eleia, colônia grega situada no litoral da região da Campânia no sul da Itália. Alguns pesquisadores o têm por discípulo do pitagórico Amínia; outros, seguidor do pensamento de Xenófanes. Pregava o monismo e o imobilismo. Propôs que tudo o que existe é eterno, imutável, indestrutível, indivisível e, por isso, imóvel, uno.

> *que todos nós de alguma forma fazemos parte, à qual nós pertencemos. O nome mais popular para isto em nosso tempo é Deus — com "D" maiúsculo.*
>
> *(...)* ***De onde venho e para onde vou? Essa é a grande questão insondável, a mesma para cada um de nós.*** *A ciência não tem resposta para isso.* (O destaque é nosso.)

A seguir, relacionamos outros pensamentos de ousados perquiridores, reunidos pelo professor assistente da Faculdade de Filosofia da Plovdiv University, da Bulgária, e Ph.D. em Filosofia da Ciência **Tihomir Mitev**:

> ***Max Planck*** *(1858-1947), doutor em Física pela Universidade de Munique. Foi ganhador do Prêmio Nobel de Física de 1918. Max Planck é universalmente reconhecido como o pai da física moderna, ele formulou uma das mais importantes teorias da Física do século 20 — a Teoria Quântica. Ele também contribuiu para o progresso da Teoria da Relatividade e o estudo da radiação eletromagnética:*
>
> *— Como físico, isto é, um homem que dedicou toda sua vida a uma ciência completamente prosaica, à exploração da matéria, ninguém certamente suspeitaria de eu ser um fantasista. E assim, tendo estudado o átomo, digo-lhes que não há matéria*

como tal! Toda matéria surge e perdura apenas devido a uma força que faz com que as partículas atômicas vibrem, mantendo-as juntas no mais ínfimo dos sistemas solares, o átomo. No entanto, em todo o universo não há força que seja semelhantemente inteligente ou eterna, e, portanto, nós devemos supor que por trás dessa força exista uma Mente inteligente ou Espírito consciente. Esta é, pois, a origem de toda matéria.

***Albert Einstein** (1879-1955) foi agraciado com o Prêmio Nobel de Física, em 1921, por elucidar o Efeito Fotoelétrico, até então sem uma explicação satisfatória. Einstein é um dos fundadores da Física moderna e autor da Teoria da Relatividade:*

— Minha religiosidade consiste numa humilde admiração pelo Espírito infinitamente superior que se revela no pouco que nós, com o nosso entendimento fragilizado e transitório, conseguimos compreender sobre a realidade.

O professor Mitev, igualmente, cita o respeitável físico **Abdus Salam** (1926-1996), o primeiro paquistanês e primeiro muçulmano a receber o Prêmio Nobel de Física (1979), juntamente com **Sheldon Lee Glashow** e **Steven Weinberg**, pela interação eletrofraca, que descreve a unificação de duas forças fundamentais da Natureza — o eletromagnetismo e a força nuclear fraca. Com elevada estima, acerca da dimensão religiosa de Albert Einstein, declarou Salam:

— *Einstein nasceu dentro de uma fé abraâmica; em sua própria visão, ele era profundamente religioso.*

Ora, este senso de admiração leva a maioria dos cientistas a um Ser Superior — der Alte, *o Velho, como Einstein carinhosamente chamava a Divindade — uma Inteligência Superior, o Senhor de toda a Criação e da Lei da Natureza.*

Prossegue Mitev:

Isidor Isaac Rabi *(1898-1988), físico nascido na Galícia, no antigo império austro-húngaro, atual Polônia, judeu ortodoxo, ganhou o Prêmio Nobel de Física, em 1944, pelas descobertas relacionadas à ressonância magnética nuclear:*

— *A Física me encheu de admiração, me colocou em contato com um senso de causas originais. A Física me colocou mais perto de Deus. Esse sentimento permaneceu comigo durante todos os meus anos na ciência. Sempre que um de meus alunos vinha a mim com um projeto científico, eu lhe fazia apenas uma pergunta: "Isto o levará para mais perto de Deus?".*

***William D. Phillips** (nascido em 1948, EUA), doutor em Física pelo Massachusetts Institute of Technology (MIT). Foi ganhador do Prêmio Nobel de Física (1997) "pelo desenvolvimento de métodos para esfriar e fixar átomos com laser de luz" (arrefecimento a laser):*

— Eu acredito em Deus. Na verdade, eu acredito em um Deus pessoal que age e interage com a criação. Acredito que as observações sobre a ordem do universo físico e o aparentemente excepcional ajuste fino das condições do universo para o desenvolvimento de vida sugerem que um Criador inteligente é responsável. Eu acredito em Deus por causa de uma fé pessoal, uma fé que é consistente com o que eu sei sobre ciência[*3].

* * *

Nosso destino não é o horror do túmulo

Como sei que é da vontade de Vocês, apresentarei aqui, dentro do possível, as palavras de mais alguns estudiosos vanguardeiros, nesta pregação que lhes venho fazendo sobre a Ciência do Espírito.

[*3] Tradução dos textos da página 229 à 233 feita a partir dos originais em inglês.

André Luiz

Chico Xavier

Nosso destino **não termina no horror do túmulo.** Estamos diante de um formidável Renascimento Espiritual, que tem o comando direto do Cristo de Deus.

André Luiz fala da LBV

André Luiz, por psicografia de **Chico Xavier**, já fizera esta revelação:

> — *A Legião da Boa Vontade é a nossa caravana de agora. Não nos iludamos: Jesus segue na vanguarda do nosso movimento! (...) E, mesmo atados à cruz do sacrifício, e sob os grilhões da nossa falta de iluminação espiritual, atendamos ao chamado do Cristo, não nos compreendendo por heróis ou por santos, mas como simples trabalhadores dedicados da imensa e santificante Legião da Boa Vontade evangélica.*

Quanto ao senso crítico espiritual na análise dos textos sagrados, no caso do Apocalipse, devemos proceder da mesma forma: saber quem é o Autor (Jesus Cristo) que reveste da **própria Sabedoria de Deus** o último livro da Bíblia.

Cientistas e Vida Espiritual

(...) Sem ideia preconcebida, lancei-me humildemente ao estudo de pesquisadores renomados que, com grande autoridade, averiguaram em termos comprobatórios a expectativa da continuação da existência, não como carne, mas, sim, Espírito.

Jesus, o Profeta Divino, a Fiel Testemunha, o Primogênito dos mortos — III

Apocalipse é, antes de tudo, de Deus

Prossigamos com o exame do seu capítulo primeiro, descrito pela sensitividade do Evangelista-Profeta João e **por força da autoridade de Jesus**, que é ***"Um com o Pai"***. Se bem que a mensagem reveladora já tenha proveniência em Deus. Lê-se logo nos versículos iniciais do extraordinário Texto Profético. Vamos relembrá-lo para o nosso próprio bem:

O Título, o Autor e o Assunto do Livro

1 Revelação de Jesus, o Cristo, ***que Deus Lhe deu*** *para mostrar aos Seus servos as coisas que em breve devem acontecer, e que Ele,* ***enviando-as por intermédio do Seu Anjo, notificou ao Seu servo João,***
2 o qual ***atestou a Palavra de Deus*** *e o testemunho de Jesus Cristo, quanto a tudo o que viu.*
3 Bem-aventurados aqueles que leem e aqueles que ouvem as palavras da profecia deste Livro e guardam as coisas nele escritas, pois o tempo está próximo [*1].

Vimos anteriormente que o termo Apocalipse vem do grego e significa **Revelação**. O Autor é **Jesus Cristo**, fato que por si só justifica todo o sublime sentido do instigante livro. E essa importância aumenta quando ficamos sabendo em seguida que foi Deus Quem transmitiu a Jesus a **Revelação**. Para quê?! Para mostrar aos Seus servos

— *1 (...)* ***as coisas que em breve devem acontecer, e que, pelo Seu Anjo, Jesus as enviou e as notificou a João, Seu servo.***

Portanto, **o Apocalipse, antes de tudo, é de Deus**. Há aqui uma filigrana a ser destacada: quando Vocês afiançam que o Apocalipse é do Cristo, estão certos, pois levam em consideração altíssima as Palavras de

Jesus sobre Ele e o Pai formarem uma Unidade indissociável.

— *Eu e o Pai somos Um* (Evangelho consoante João, 10:30).

E o Apocalipse — é bom reiterar, porque isto não pode ser esquecido — vem da parte de Deus. Daí ser Jesus o Profeta Divino.

O nonagenário João

Vejam, ainda no versículo segundo, a relevância do depoimento do fiel vidente do Apocalipse. Nonagenário, passou a vida inteira suportando açoites psicológicos e físicos. **Imaginem o que João sofreu!** Estava preso na ilha de Patmos por determinação de **Domiciano** (51-96), cruel imperador de Roma. No entanto, João, varão de Plutarco — quer dizer: um homem muito valoroso —, não negou o testemunho de Jesus, porquanto descreveu o que espiritualmente tinha recebido, sem se importar se seria mal julgado, até por sacerdotes em pleno século 20 (estávamos em 1990), que acham que tudo foi um delírio do Evangelista-Profeta. Ao contrário, representou notável êxtase instrutivo, repleto de intensa seriedade espiritual, moral, social, naturalmente humana.

— *2 o qual* ***atestou a Palavra de Deus*** *e o testemunho de Jesus Cristo, quanto a tudo o que viu.*

Conforme tenho demonstrado, o Apocalipse, por ser revelação de Deus, permeia toda a Bíblia Sagrada, em sua parte profética. Basta observar a manifestação da Jurisprudência Divina, que se dá por intermédio dos Profetas, que somos todos nós[*2], **quando integrados nos ensinamentos celestes**, como comprovamos nestas palavras do rei Davi:

—*Todas as veredas do Senhor são Misericórdia e Verdade para os que guardam a Sua aliança e os Seus testemunhos* (Salmos, 25:10).

Foi justamente João quem, no exílio de Patmos, testificou toda essa Verdade contida no Livro Profético!

Entre outros fatores decorrentes de seu esplêndido caráter, João não negou a Sagrada Memória de Jesus mantendo Nele o seu testemunho de fé, porque está escrito no Apocalipse, 19:10, que o Evangelista-Profeta mediunicamente recebia:

— *O testemunho de Jesus é o espírito de profecia.*

[*1 e 2] Em sua obra *Somos todos Profetas*, o autor desenvolve mais profundamente o assunto.

Apocalipse — solene advertência e bênção

Que maravilha! O versículo terceiro do capítulo primeiro **é uma bem-aventurança para quem o lê**. Não se trata de um anátema em si mesmo. **O Apocalipse não deseja a derrota de ninguém.** Pelo contrário, demonstra o que fora assinalado por Ezequiel, em seu livro, no Antigo Testamento da Bíblia Sagrada (33:11):

> — *Tão certo como Eu vivo, diz o Senhor Deus,* ***não tenho prazer na morte do perverso, mas em que o perverso se converta do seu caminho e viva.*** *Convertei-vos, convertei-vos dos vossos maus caminhos (...).*

O Livro das Profecias Evangélico-Apocalípticas solenemente adverte, isto sim, quanto ao trágico (ou feliz) resultado do mau (ou bom) comportamento particular ou coletivo. Veremos lá adiante. Sob alguns aspectos, todo o mundo receberá um pouco, ou bastante, do que vai advir sobre os povos, de acordo com o próprio merecimento. Ou será que ainda existem muitos desavisados defensores do reino da irresponsabilidade?! É loucura, hein?! Não há grupamento ou nação que consiga impunemente sobreviver a tanto descalabro!

Um com o Pai

Quando Vocês afiançam que o Apocalipse é do Cristo, estão certos, pois levam em consideração altíssima as Palavras de Jesus sobre Ele e o Pai formarem uma Unidade indissociável.

JESUS, O PROFETA DIVINO, A FIEL TESTEMUNHA,
O PRIMOGÊNITO DOS MORTOS — IV

A primeira bênção do Apocalipse

E agora **a bênção** que corresponde ao terceiro versículo do capítulo primeiro. Portanto logo no início do Livro que tanta gente até hoje teme, quando deveria reverenciá-lo, porque é, de acordo com o que já analisamos, uma **Carta de Amor** que Deus por misericórdia nos endereça. Ora, **só quem verdadeiramente ama alerta o ser amado**. E o Pai Celestial, Criador Supremo, **ama da mesma forma todos os Seus filhos**. Se isso lhes parece uma incongruência, por favor, deem-se o cuidado de ler, com toda a atenção, o

Livro das Profecias Finais — que Zarur chamava de *"o Evangelho Moderno"* — e a Boa Nova de Jesus segundo Mateus, Marcos, Lucas e João.

Ao estudá-los, devemos levar em conta este provérbio chinês: *"Um momento de paciência pode evitar um grande desastre. Um momento de impaciência pode arruinar toda uma vida"*.

Alguns deixam de estudar a Bíblia por impaciência.

Peço-lhes licença para trazer **uma simples sugestão**: avaliem, sem preconceitos e ódios, a Lei das Vidas Sucessivas, sem de antemão considerá-la um ato de tirania celeste. Ela, pois, com certeza, trata-se de renovada oportunidade que Deus concede aos Seus filhos para que alcancem dignamente a redenção.

Em *Missionários da Luz*[*1], de André Luiz, o orientador espiritual **Alexandre** faz este importante esclarecimento:

> — *As provas de resgate legítimo inclinam a alma encarnada a situações periclitantes e difíceis na recapitulação das experiências;* ***todavia, não obrigam a novas quedas espirituais, quando dispomos de verdadeira boa vontade no trabalho de elevação****. O aprendiz aplicado pode ganhar muito tempo e conquistar imensos valores se, de fato, procura conhecer as lições e pô-las em prática.* ***A justiça divina nunca foi exercida sem amor****. E quando a fidelidade sincera*

*1 Psicografia de Chico Xavier.

> *ao Senhor permanece viva no coração dos homens, há sempre lugar para* ***o acréscimo de misericórdia*** *a que se referia Jesus em Seu apostolado.* (Os destaques são nossos.)

Realmente, Jesus disse em Lucas, 12:31: *"Buscai, antes de tudo, o Reino de Deus* (e Sua Justiça)*2, *e estas coisas vos serão acrescentadas."*

A Didática Divina na interpretação profética

Visto isto, vamos então ao confortante versículo terceiro do capítulo primeiro do Apocalipse:

> — *3 Bem-aventurados aqueles que* ***leem*** *e os que ouvem as palavras da profecia deste Livro e guardam as coisas nele escritas, porque o tempo está próximo.*

Aqui uma explicação se faz necessária. O Texto Profético foi escrito há cerca de dois mil anos. Naquela época, poucos sabiam ler, tanto que existia a classe dos **escribas**, que desfrutava enorme prestígio na sociedade antiga. Por isso, originalmente encontramos no Apocalipse o versículo terceiro do capítulo inicial apresentado da seguinte maneira: *"Bem-aventurado aquele que* ***LÊ*** *e os que ouvem (...)"*.

---

*2 *"... e Sua Justiça"* — Jesus (Mateus, 6:33).

Naquela altura, o Evangelista-Profeta estava coberto de razão ao inserir no teor bíblico o verbo **ler** na terceira pessoa do **singular** do presente do modo indicativo: *"Aquele que **lê**"*, e o **ouvir**, na terceira pessoa do plural também do presente do indicativo: *"e os que **ouvem**"*. **No passado, o analfabetismo era geral, portanto bem maior do que agora.** Observemos o exemplo didático de igrejas e das grandes catedrais do medievo, aquelas erguidas séculos depois de João: são até hoje adornadas por vitrais maravilhosos que contam a Vida de Jesus. A população, que não sabia ler nem escrever, adentrava seus ambientes e ficava extasiada, contemplando a via-sacra e outras passagens do Cristianismo, retratadas no colorido dos vidros artisticamente talhados, e assimilando-as assim, além de **ouvir** os pregadores.

Logo, era admissível que — na época de João, em décadas próximas e em períodos posteriores — esse versículo fosse escrito de tal modo. Nos dias atuais, muita gente aprendeu a ler. Por isso, grafei: *"Bem-aventurados aqueles que **LEEM** (...)"*, até mesmo como forma de instigar a leitura do Apocalipse aos bilhões de pessoas que hoje não mais são analfabetas e podem ter acesso a ele. Além de estimular os que não adquiriram o conhecimento das letras a buscá-lo.

Recomenda o muito nobre dr. Bezerra de Menezes, pela psicografia de Chico Periotto:

> — *Estudar os Textos Sagrados com denodo e refletir com o coração aberto é vital para os seres vivos na Terra e no Mundo Espiritual.*

Jesus, o Profeta Divino, a Fiel Testemunha, o Primogênito dos mortos — V

A questão espiritual do tempo

Essa questão do **tempo**, que está realmente próximo (Apocalipse, 1:1), deve ser com insistência objeto de estudo e reflexão. Mas sempre lembrando que o **tempo próximo** da profecia apocalíptica se realiza por partes, dentro de grandes partes e da Grande Parte Final. Assunto que aprofundaremos em outra ocasião.

O salmista no Velho Testamento da Bíblia Sagrada (Salmos, 90:4) o afirma e Pedro Apóstolo (Segunda Epístola, 3:8 e 9) no Novo Testamento o ratifica:

— *Mil anos dos homens são para Deus como o dia de ontem que já passou.*

Então, *"Jesus pediu dois dias para voltar"*, constantemente destacava o saudoso Irmão Zarur. *"E vai ressurgir, do mesmo modo como ressuscitou,* ***ao terceiro dia****"*, depois de ter sido "morto" e "sepultado" pelos seres humanos, os quais veio salvar. Atentemos ainda para o fato de que esse "terceiro dia", que terá início em 2001 (estávamos na década de 1990), possui mil anos de duração, segundo a contagem terrena. É palmar que lhes falamos do Terceiro Milênio, que vem logo ali. Nenhum de nós na Terra detém autoridade suficiente para apontar esta ou aquela data como a da Volta de Jesus, mas pode concorrer para abreviá-la, conforme se encontra na Segunda Epístola de Pedro, 3:11 e 12:

— *(...) Vivei em santo procedimento, (...) esperando e* ***apressando*** *a vinda desse Dia do Senhor (...).*

Adendo único

O breve Tempo de Deus

Reforçando o assunto **Tempo**, no tocante ao Retorno do Divino Mestre — como *"o Leão da Tribo de*

*Judá"**1, isto é, *"com poder e grande glória"**2, não mais como cordeiro a ser abatido —, releio em *Reflexões da Alma* trechos da análise que realizei, depois de estudar Zarur e em anos de pesquisa variada. E o faço aqui com determinados acréscimos.

Alguns argumentam contra a credibilidade do Apocalipse, tendo em vista esta sua afirmativa: ***"... pois o tempo em breve chegará".*** E o fazem até **sem jamais o ter lido. Ou, se abriram suas páginas, passaram apenas os olhos nelas, com a ligeireza de quem lê um romance de quinta categoria...**

A esses, reiteradamente convido a levar em conta determinados fatores, como há pouco vimos e que, por serem tão vitais, repito-os para melhor ilustração. Jamais se esqueçam deles, porquanto isso é **FUNDAMENTAL** para o entendimento da Profecia Celeste:

1) que o "breve" para Deus não é o mesmo para os homens. Convém relembrar a seguinte passagem do Antigo Testamento da Bíblia Sagrada, Salmos, 90:4 (Oração de Moisés, Varão de Deus):

> — *Porque mil anos são aos Teus olhos* (ó Senhor!) ***como o dia de ontem que passou****, e como a vigília da noite (...).*

*1 **"O Leão da Tribo de Judá"** (Apocalipse, 5:5).
*2 **"Com poder e grande glória"** (Evangelho segundo Mateus, 24:30).

(Adendo único)

E do Novo Testamento, a Segunda Carta do Apóstolo Pedro, 3:8 a 10:

— *Mas, amados, não ignoreis uma coisa: que* ***um dia para o Senhor é como mil anos, e mil anos, como um dia. O Senhor não retarda a Sua promessa, ainda que alguns a tenham por morosa;*** *mas é longânimo para convosco, não querendo que alguns se percam, senão que todos venham a arrepender-se. Mas o* **Dia do Senhor** *virá como o ladrão de noite, no qual os céus passarão com grande estrondo, e os elementos, ardendo, se desfarão, e a terra e as obras que nela existem se queimarão;*

2) que dois milênios, com referência à idade da Terra como planeta — cerca de 4,5 bilhões de anos —, estatisticamente considerados, **correspondem a zero**;

3) que muitos dos fatos previstos no Livro das Profecias Finais já ocorreram, ocorrerão ou se repetirão em novos ciclos*[3].

4) E que o tempo próximo geralmente se realiza parte por parte, dentro de grandes partes e da Grande Parte Final, que se repete, de longo em longo tempo, em períodos matemáticos.

Eis aí!

*[3] Leia a explicação de Zarur, publicada em *O Brasil e o Apocalipse,* volume III, de autoria de Paiva Netto.

Jesus revela e se revela*4

Retomando o capítulo primeiro do Apocalipse, a partir do versículo quarto, compreenderemos o valor das Cartas às Igrejas da Ásia, **que hoje simbolizam a Humanidade inteira**. Aprendemos que o Apocalipse é de todo admirável. Contudo, se houvesse nele um recado de alguém ou do próprio João Evangelista, por melhor que o mais jovem Apóstolo do Mestre de Nazaré haja sido, essa missiva teria seu conteúdo limitado, visto que ele não é Deus, nem é Jesus, nem mesmo o Espírito Santo. Diante do raciocínio antes exposto, comprovaremos que no Apocalipse a Mensagem às Igrejas (capítulos 1º, 2º e 3º) é importantíssima, valiosíssima. Afinal é Deus, a origem da Revelação a Jesus, Quem, **acima de tudo**, vai se dirigir àquelas assembleias por intermédio do Cristo Ecumênico, o Divino Estadista:

> *4 João, às Sete Igrejas que se encontram na Ásia: Graça e paz a vós outros,* ***da parte Daquele que é, que era e que há de vir****, da parte dos* ***Sete Espíritos*** *que se acham diante do Seu trono,*
> *5 e da parte de Jesus Cristo, a Fiel Testemunha, o Primogênito dos mortos e o soberano dos reis da*

*4 Leia mais sobre o tema na obra *Somos todos Profetas*, de autoria de Paiva Netto.

Terra. Àquele que nos ama, e pelo Seu sangue nos libertou dos nossos pecados,

6 e nos constituiu reino, sacerdotes para o Seu Deus e Pai, a Ele a glória e o domínio pelos séculos dos séculos. Amém.

Quanto aos **Sete Espíritos**, são também, dito resumidamente, **mensageiros do Apocalipse Divino**. Peçamos-lhes com fervor a inspiração não apenas para o aprendizado das grandes lições do Livro das Profecias Finais, como também para todas as nossas existências, pois muitas vezes vivemos.

E dirigimos, diante disso, à meditação de todos os que nos honram com a leitura dos volumes desta coleção advertência do Apóstolo Paulo, no versículo primeiro do capítulo sexto da Segunda Carta aos Coríntios:

— *E nós, na qualidade de cooperadores com Ele* (Jesus), *também vos exortamos a que **não recebais em vão a graça de Deus**.*

Isto é, não desprezemos a celeste influência desses Sete Espíritos Divinos, que nos enriquecem a Alma com o sublime entendimento dos assuntos de Deus. Isso é muito sério.

A data

Nenhum de nós na Terra detém autoridade suficiente para apontar esta ou aquela data como a da Volta de Jesus, mas pode concorrer para abreviá-la.

Jesus, o Profeta Divino, a Fiel Testemunha, o Primogênito dos mortos — VI

Partículas atômicas e subatômicas na Espiritualidade

Osmose intermundos

Existe uma permanente osmose entre o plano físico e o Mundo Espiritual, em que a Espiritualidade Superior provê o infindável Conhecimento Celeste. Sua descoberta será, ou já vem sendo paulatinamente, por meio científico, algo que sacudirá os povos. O que os espiritualistas por intuição sabem, um dia, a Ciência provará. É como venho afirmando há tanto tempo: O que a Religião intui a Ciência comprovará em laboratório.

Proponho-lhes este raciocínio: os neutrinos*[1], partículas subatômicas que possuem carga neutra e massa infinitamente pequena, são tão leves, tão leves, que podem atravessar a Terra ou qualquer objeto material sem serem notados. A maior parte deles é proveniente do Sol. Passam através de nossos corpos mais de 50 trilhões de neutrinos por segundo. **Ninguém os vê, mas existem**. Ocorre o mesmo com o mecanismo profético. **A Profecia de Deus é como as subpartículas da Espiritualidade**. Não podem ser vistas, porém, **são reais**.

Adendo Único

Jesus, o aríete da Física além da física

Não podemos esquecer que Jesus, a Celeste Inspiração deste livro, como Profeta **Divino**, é, por

*[1] **Neutrino** — Partícula elementar do grupo dos léptons (do grego *leptos*, leve) encontrada na Natureza sob três formas, associadas respectivamente aos elétrons, múons e taus. É caracterizado pela ausência de carga, por não sofrer nenhuma interação com a matéria ordinária e possuir uma massa quase nula. Foi primeiro enunciado por **Wolfgang Pauli** (1900-1958), em 1930, um dos pioneiros da Física Quântica, para evidenciar a conservação da energia no decaimento beta dos núcleos atômicos. Sua postulação foi recebida com certo ceticismo por alguns de seus pares até a sua averiguação experimental, em 1956.

(Adendo único)

conseguinte, o **Divino Cientista, o aríete da Física além da física.** Dessa elevadíssima Ciência, vem aos cientistas o conhecimento da Terra e do Céu da Terra, mesmo que esses homens e mulheres extraordinários ainda não o admitam **ou demorem a expor claramente** a avançada crença que guardam no coração. Um exemplo clássico foi o do fisiologista **Charles Richet***2 (1850-1935), na carta que escreveu já no fim da vida material, aos 85 anos*3. Os que ousam **progredir além da craveira** comum veem abrir-se, ante seus olhos sequiosos de saber, novas fronteiras que, como em *Os Lusíadas*, de **Camões** (1524-1580), os bravos navegadores portugueses descobriram:

As armas e os barões assinalados,
Que da ocidental praia Lusitana,
Por mares nunca de antes navegados,

Nota do autor

*2 **Um exemplo clássico foi o do fisiologista Charles Richet (1850-1935)** — O professor Richet cunhou o termo metapsíquica, da qual é considerado um dos fundadores. Seu exemplo aqui corrobora meus argumentos, por ter sido respeitado cientista francês de seu tempo. Professor de fisiologia da Faculdade de Medicina, Paris, Sorbonne, foi contemplado com o Nobel de Fisiologia ou Medicina de 1913, por seus trabalhos relativos à anafilaxia. Não bastasse seu renome, foi ainda destacado membro da Academia Nacional de Medicina (*Académie Nationale de Médicine,* França) e da Sociedade de Pesquisa Psíquica (*Society for Phychical Research,* Londres), a qual presidiu em 1905.

*3 *Vide* o livro *Silva Mello e os seus Mistérios,* do dr. Sérgio Valle (Lake, 1959, capítulo X, página 394).

(*Adendo único*)

Passaram ***ainda além*** *da Taprobana**4*,*
Em perigos e guerras esforçados,
Mais do que prometia a força humana,
E entre gente remota edificaram
Novo Reino, que tanto sublimaram;
(...) [Canto I, estrofe 1ª]. (O destaque é nosso.)

Ciência do Novo Mandamento de Jesus

Quando eu era garoto, minha saudosa mãe, Idalina Cecília de Paiva (1913-1994), sempre que precisava, com certa urgência, de alguma pequena ajuda, falava: *"José,* ***rápido como o pensamento!****"*. Essa exclamação ficava ecoando na minha mente de criança curiosa. Já naquela época pude perceber que não corremos somente com os pés, mas com o sentimento, com a vontade de realizar e, acima de tudo, **com o Espírito.** Disse Jesus à samaritana que *"Deus é Espírito"* (João, 4:24).

[Einstein concluiu que não há velocidade superior à da luz. Contudo, não teria ele limitado seu gênio ao espaço-tempo material? Pelo que parece, o grande pensador e cientista judeu-alemão, que tanto admiro, firmou-se em primeiro lugar nas concepções humanas, não obstante tê-las revelado em nova profundida-

*4 **Taprobana** — Como era chamada pelos gregos e romanos na Antiguidade a ilha de Ceilão, atual Sri Lanka.

de, que tocava o espiritual. A despeito de sua mente ultra-avançada, ainda um ponto merece nossa reflexão: Não teria ele deixado de sofrer, um pouco que fosse, as algemas do raciocínio antropocêntrico, do qual as criaturas terrestres ainda não se libertaram?]

Porém, voltando a Jesus, o Cientista Divino, o Enunciador da Ciência do Novo Mandamento, temos por obrigação recordar a Lei em que tudo se alicerça:

> — *Amai-vos como Eu vos amei. Somente assim podereis ser reconhecidos como meus discípulos. Não há maior Amor do que doar a própria Vida pelos seus amigos. (Evangelho do Cristo segundo João, 13:34 e 35; e 15:13)*

E nisto consiste a origem da Ciência integral: a de Deus, a de Jesus, o Profeta Divino, efetuada pelo Espírito Santo.

Velocidade não existe?

O Senhor de nossa vida revelou a uma mulher simples que ***"Deus é Espírito"***. Ora, assim sendo, como deduz a sabedoria antiga, para os homens o tempo flui **e para Deus o tempo é**! Para o Supremo Criador, na condição de Onipresente, o tempo não passa. **Cadê então, em termos espirituais, a velocidade no/do**

tempo? Diante disso, a legítima viagem não se realizará exclusivamente no espaço-tempo físico, enquadrado numa frequência, para os nossos agrilhoados sentidos, até o momento desconhecida. Mas tal ocorrerá, sobretudo, quando os cientistas mais audazes tiverem, no Terceiro Milênio, ousado pesquisar **a existência da Física além da física**... que se desenrola, antes de tudo, no Mundo Espiritual*[5], região em que se forma a Profecia Celeste.

Resumindo: **está-se ou não se está, em vez de se vai ou não se vai.**

Por isso, afirma-se, com muito acerto, que **Deus é Onipresente**. Vejam: encontra-se em toda parte **ao mesmo tempo**. Vibrando de modo integral na substância Dele **mesmo**. E isto um dia ocorrerá com todos os seres espirituais, humanos, animais e de outros reinos que haja, de acordo com a evolução que não cessa de cada um. Enfim, Sua criação. Não mais viajaremos: **de forma instantânea, estaremos ou não, num ou noutro local, nuns ou noutros lugares, ou em todos os pontos ao mesmo tempo**. A velocidade, **em termos espirituais**, não existe, isto é, não é necessária, como atualmente pensamos.

*[5] **Mundo Espiritual** — Leia mais sobre o assunto no capítulo "A Abrangente Missão do Templo da Boa Vontade", no segundo volume de *Diretrizes Espirituais da Religião de Deus* e no terceiro volume de *O Brasil e o Apocalipse*, de Paiva Netto. Ligue 0300 10 07 940.

(Adendo único)

Para nos deslocarmos no *continuum* espaço-tempo[*6], na condição de criaturas espirituais do Criador, temos, como lógica imanente em nós, a **onipresença,** na qualidade de Espíritos originados de um só e generoso Pai. Deus, que não é apenas Onipresente — visto que o Educador Celeste ensinou: ***"O Espírito sopra onde quiser e a carne para nada serve"*** (João, 3:8 e 6:63) —, mas também **Onidirigente**, porquanto **o Governo da Terra começa no Céu infinito.**

Sim, *"a carne para nada serve"* em se tratando desses assuntos, porque ela, quando estamos reencarnados ou reencarnadas, é instrumento para o nosso progresso espiritual. Por isso, *"o suicídio*[*7] *é um tremendo equívoco"*, como ensinava Zarur, *"porquanto ele não resolve as angústias de ninguém"*.

Realmente, assim o é, porque **os mortos não morrem**, tantas vezes já o dissemos em nossas pregações. Se

[*6] ***Continuum* espaço-tempo** — Segundo o físico **Juliano Carvalho Bento**, *"o também chamado de contínuo espaço-tempo descreve a geometria do Universo dentro da Teoria da Relatividade de Einstein, propondo que, além das três dimensões usualmente verificadas (largura, profundidade e altura), podemos incluir o tempo como uma quarta dimensão. O termo* continuum *sugere, num espaço tridimensional (de três dimensões), que dado um ponto no espaço existirá um ponto vizinho a este tão próximo quanto desejarmos. Considerando um espaço quadridimensional (com quatro dimensões), não se fala em ponto, mas num evento ocorrido em algum espaço e tempo. Da mesma forma, por ser um contínuo, não existem limitações para quão próximo um evento possa ocorrer de outro".*

[*7] **Suicídio** — Leia sobre esse importantíssimo tema no capítulo "Quanto à morte", constante da coleção *Diretrizes Espirituais da Religião de Deus,* volume I e do capítulo "Quanto à Cruzada Salvemos Vidas", presente no volume 3º da mesma coleção. Ligue no 0300 10 07 940 e adquira os três volumes da série.

Maurice Maeterlinck

não morrem, veem-se na contingência de assumir as responsabilidades de que fugiam, quando pensavam que se livrariam da vida. O que não lhes aconteceu, pois permaneceram vivos.

Encerro este adendo apresentando uma reflexão do famoso ensaísta belga de língua francesa **Maurice Maeterlinck** (1862-1949). Dramaturgo e poeta, foi um dos principais vultos do teatro simbolista e Nobel de Literatura de 1911. A tradução foi feita diretamente dos originais de sua obra *Les Sentiers dans la montagne* (*Veredas na Montanha*), pelo competente tradutor húngaro, radicado no Brasil, **Paulo Rónai** (1907-1992), que também foi professor de Francês e Latim no Colégio Pedro II, no Rio de Janeiro, escola-padrão na qual tive a honra de estudar. Diz Maeterlinck:

— *Os mortos vivem e se movimentam entre nós muito mais real e eficazmente que o saberia pintar a imaginação mais aventurosa. É muito duvidoso que eles fiquem em seus túmulos. Pelo contrário, parece cada vez mais certo que nunca se deixaram ali encerrar. Só há debaixo das lajes onde os julgamos prisioneiros um pouco de cinza que já não lhes pertence, que eles abandonaram sem pesar e de que, provavelmente, já não dignam lembrar-se.*

Sintonizando o presente eterno

Já expliquei em detalhes, em outros volumes desta coleção — *Somos todos Profetas* e *As Profecias sem Mistério* —, que a profecia vem de um universo em que o tempo não passa, não flui, porque lá **o tempo é**. Presente eterno, portanto. O ser humano tem de se libertar dessa prisão da ideia material de espaço/tempo, que o tem obrigado pelos milênios a pensar em princípio e fim, dia e noite, que começam e se encerram por causa do movimento de **rotação** do nosso orbe, em torno do seu eixo imaginário, e de **translação**, ao redor do Sol. Para consciências humanas mesmo as mais evoluídas, ainda juguladas ao conceito de tempo-hora, e espaço-metros ou milhas etc., compreenderem a eternidade de Deus e o tempo da profecia, é preciso derrubar essa bastilha, abrir a mente, sintonizar o presente eterno, o espaço sem limites. Aliás, pelo simples fato de sairmos de nosso planeta para o espaço sideral, encerram-se todas essas restrições de dia/noite, mês/ano, estações climáticas, pontos cardeais, uso de bússolas, GPS etc. Mesmo a noção de peso de um corpo perde o parâmetro, visto que o referencial da Terra não mais existe. Extingue-se, portanto, a tirania da gravitação em sua crosta. Compreenderemos, enfim, se quebrarmos esses grilhões, a razão pela qual os homens geralmente erram quando querem datar as profecias, restringindo-as a essa perspectiva de movimentos mecânicos do planeta, à sua energia gravitacional. É necessário um tradutor, um mediador entre nós e esses conhecimentos da profecia divina, que, no caso, é Jesus e o Seu Novo Mandamento de Amor Fraternal.

A avançadíssima Ciência do Cristo Jesus

O verdadeiramente **novo** vem do Mundo Espiritual. Como afirmei em meu livro *Apocalipse sem Medo,* o Universo visível, somático, que a todos deslumbra, é como se fora o esboço da Criação Divina, que abrange outros domínios, outras dimensões, além dos materiais.

Até mesmo para a Ciência, **o caminho é espiritual**. Esqueçamos, então, a parte perecível em nós, pretenso fundamento da realidade, para que possamos também intelectualmente ingressar no território do Espírito. Logo, na avançadíssima Ciência do Novo Mandamento do Profeta Divino, **Jesus**. Assim, todas as dimensões e **barreiras** de espaço-tempo — que até agora teimam em algemar a nossa mente e o nosso Espírito — cairão. (...)

JESUS, O PROFETA DIVINO, A FIEL TESTEMUNHA, O PRIMOGÊNITO DOS MORTOS — VII

A Eternidade Divina

Quem é Aquele que é, que era e que há de vir? Quem?! Deus!, com Quem Jesus é UM, de acordo com o que o próprio Divino Profeta afirma, a respeito do que várias vezes temos conversado.

E, no versículo oitavo do capítulo primeiro do Apocalipse, vemos patenteada esta verdade:

> — *Eu sou o Alfa e o Ômega, o A e o Z, o Princípio e o Fim, diz o Senhor.* ***Aquele que é, que era e que há de vir, o Todo-Poderoso Deus.***

Aí está expressa a Eternidade Divina. Deus não foi criado, mas gerou o Filho, que O chama de Pai. Fica evidente — aos que *"têm olhos de ver e ouvidos de ouvir"* — que Deus, como anteriormente já disse, é o Supremo Arquiteto do Universo, conforme O denominam os Irmãos da Maçonaria.

Vocês poderão tranquilamente perceber o delineamento das figuras que formam a Santíssima Trindade: o Pai, o Filho e o Espírito Santo.

Observemos:

a) ***Que é***: está presente, é Onipresente, Onisciente, Onipotente e **Onidirigente**;

b) ***Que era***: pois sempre existiu;

c) ***Há de vir***: reinará para todo o sempre;

d) ***da parte dos Sete Espíritos que estão diante do Seu trono:*** que grandeza dessas Entidades Celestes! Elas representam o quê? O suprassumo do Espírito Santo.

e) ***E da parte de Jesus Cristo.***

Antes, no versículo primeiro, lemos:

> — *Revelação* ***de Jesus Cristo****, que Deus Lhe deu para mostrar aos Seus servos as coisas que em breve devem acontecer.*

Nisso nos firmamos para concluir que Ele, **Jesus, é Quem revela e desvenda a Profecia** da qual João, na sua indesmentível lealdade ao Cristo Planetário, foi apenas o retransmissor, o digitador fiel. E o Mestre dos mestres **se revela** nos versículos quinto e sexto, pois é *"a Fiel Testemunha, o Primogênito dos mortos e o Soberano dos reis da Terra"*.

Em seguida, todo o Apocalipse prossegue como revelação, de cima abaixo.

A Fiel Testemunha, o Primogênito dos mortos

Vamos analisar com as vibrações do órgão do sentimento e a atenção da mente, aliados, o versículo quinto do capítulo primeiro do Apocalipse.

> — *5 e da parte de Jesus Cristo, a Fiel Testemunha, o Primogênito dos mortos e o Soberano dos reis da Terra. Àquele que nos ama, e pelo Seu sangue nos libertou dos nossos pecados (...).*

Naturalmente, Ele é a Fiel Testemunha porque não nega a Deus, a ponto de imolar-se pelo Criador para salvar as Suas criaturas com o Seu próprio sangue, no Gólgota. Antes, no Monte das Oliveiras, tinha depositado Seu Destino nas mãos do Senhor do Universo:

> — *Pai, se for possível, afastai de mim esse cálice de sofrimento.* ***Mas se for da Vossa Vontade,***

> ***seja feita Vossa Vontade*** (Evangelho segundo Lucas, 22:42),

conforme Ele havia rogado na Oração do *Pai-Nosso*, *"seja feita a **Vossa Vontade**, assim na Terra como no Céu* (Evangelho consoante Mateus, 6:10)*"*.

O Cristo Ecumênico, o Divino Estadista, **exemplifica o testemunho** que devemos, de nossa parte, efetivar na Terra e no Céu da Terra por Ele, **que se submeteu ao martírio da cruz, a fim de não trair o Pai Celestial na missão, que Dele recebeu, de nos salvar. Por esse motivo, Lhe somos infinitamente devedores, jamais ingratos.**

Uma Ressurreição especial

Quando leem *"**o Primogênito dos mortos**"*, alguns podem alegar que muitos ressuscitaram antes de Jesus. Contudo, a Ressurreição Dele **tem um significado todo especial**, que justifica a afirmativa do Apocalipse. É que **Jesus renasceu Nele mesmo** (instruindo-nos a corajosamente nos revelar a nós próprios, não como carne, mas Espírito, que de fato somos, acima de tudo) e assim unificou-se na Integração Total, que é Deus. Então, Ele é o Primogênito dos mortos, quer dizer: **na verdade, sempre esteve ressurreto, porque fidelissimamente ligado ao Pai desde antes da fundação**

do mundo (Evangelho segundo João, 17:5). Quanta gente foi ressuscitada e depois continuou a trilhar os umbrais da ignorância? **O Mestre, não**! A Ressurreição de Jesus ocorre pelo conhecimento e pela aceitação que Ele faz de Seu Sagrado Ministério sobre nosso planeta.

Infinitamente devedores

O Cristo Ecumênico, o Divino Estadista, exemplifica o testemunho que devemos, de nossa parte, efetivar na Terra e no Céu da Terra por Ele, que se submeteu ao martírio da cruz, a fim de não trair o Pai Celestial na missão, que Dele recebeu, de nos salvar. Por esse motivo, Lhe somos infinitamente devedores, jamais ingratos.

Carl Bloch

JESUS, O PROFETA DIVINO, A FIEL TESTEMUNHA, O PRIMOGÊNITO DOS MORTOS — VIII

Ressurreição pelos méritos espirituais e humanos

O Supremo Governante desta nossa morada coletiva tem poder, divina **e profeticamente** o exerce, porque é a Fiel Testemunha*. Ele testifica o Pai Celestial entre nós, os homens, as mulheres, os jovens, as

* **A Fiel Testemunha** — (Apocalipse de Jesus, 1:5).

crianças e os **Espíritos**, que, como concluímos, firmados na Palavra de Jesus, não constituem uma abstração:

— *Meu reino* (**ainda**) *não é deste mundo* (porém do **Mundo Espiritual**). Jesus (João, 18:36).

Por isso, espera que **O testemunhemos** na Terra, de forma que Ele nos possa **testemunhar** no Céu, ou Espaço, ou Mundo da Verdade ou Plano dos Espíritos, situado em determinadas frequências, que nossos sentidos físicos e o avanço tecnológico por ora não percebem.

— *Todo aquele que me testemunhar diante dos homens, também Eu o testemunharei diante do meu Pai* ***que está nos céus****; mas aquele que me negar diante dos homens, também Eu o negarei diante de meu Pai* ***que está nos céus*** (Evangelho segundo Mateus, 10:32 e 33).

Ressalto que o Divino Crucificado ressuscitou pelo Seu próprio merecimento, **pois sempre teve consciência da Sua Divindade, da qual antes fizera jus**. Todos do mesmo modo seremos um com Deus, à medida que formos crescendo espiritualmente. Ele disse:

20 Não rogo somente por estes, mas também por aqueles que creem em mim, por meio da palavra deles;
21 a fim de que todos sejam um; e que como Tu, Pai, és em mim e Eu em Ti, também sejam eles um

em nós; para que o mundo saiba e creia que Tu me enviaste.

22 Eu lhes dei a glória que Tu me deste, para que ***eles sejam um, como nós somos Um.***

23 Eu estou neles, e Tu estás em mim, para que eles sejam consumados ***na unidade****, e para que o mundo conheça que Tu me enviaste* ***e que Tu os amaste,*** *como amaste também a mim* (Evangelho do Cristo consoante João, 17:20 a 23).

Quando atingirmos essa Unidade, nada nos será impossível de realizar em benefício dos povos.

O significado do sangue que liberta

O Excelso Pegureiro não renasceu por intermédio de quem quer que seja, como foi o caso de Lázaro e de outros registrados nos relatos religiosos e laicos. Em particular, os que os Seus Apóstolos e Discípulos igualmente fizeram retomar a vida. Ele é o **Primogênito dos mortos** porque venceu a morte e tornou-se o **Soberano dos reis da Terra**, a **Fiel Testemunha**. É **Aquele que**, para satisfação nossa, **nos ama e pelo Seu sangue nos libertou dos nossos pecados**.

Todavia, alguém pode questionar:

— *Seu sangue?! Mas já secou há muito tempo!...*

Seu sangue aqui é a lição imortal que Ele nos legou. Seu **exemplo**: uma perseverança incomum, uma obstinação incansável no Bem. Foi chicoteado, apedrejado, cuspido, açoitado, coroado de espinhos, crucificado. Deram-Lhe com uma vara na cabeça e, ainda assim, não desertou de Seu Pai e nosso Pai.

Mediante Jesus, a reforma do social vem pelo espiritual

Notaram **de onde vem a nossa fortaleza?**

Ora, quem está com o Divino Mestre nada pode temer, mesmo nos piores momentos da existência. Ele nos fortalece em Sua Boa Nova consoante João, 14:18, e Mateus, 28:20, dizendo:

> — *Eu não vos deixarei órfãos e estarei convosco, todos os dias, até ao fim do mundo.*

Para esses seguidores fiéis, o oportuno ensinamento do Apóstolo Pedro (Primeira Epístola, 2:15) sobre a origem da verdadeira força e do genuíno poder:

> — *(...) essa é a vontade do Pai Celestial — que, **praticando o Bem**, façais emudecer a ignorância dos insensatos.*

Desta forma comportou-se Jesus perante os opositores: com Seu modo firme de agir, dando incessante testificação do Poder Divino, **não deixava de fazer o Bem**, ao mesmo tempo em que o pregava pelos caminhos.

Eis, portanto, Quem é **e por que é**

> — *a Fiel Testemunha, o Primogênito dos mortos e o Soberano dos reis da Terra, que nos ama e pelo Seu sangue* (os exemplos) *nos libertou dos nossos pecados* (Apocalipse, 1:5),

mostrando-nos como vencer neste mundo de contrariedades. Perseverar Nele e no Pai além do fim, **levando o benefício celeste a todas as criaturas**, é a chave de nossa sobrevivência. É com esse saber que, **antes de tudo**, poderá ser concretizado o definitivo aperfeiçoamento da sociedade. Como há muito lhes tenho falado, **a reforma do social vem pelo Espiritual**.

Nada a temer

Quem está com o Divino Mestre nada pode temer, mesmo nos piores momentos da existência.

Campos de trigo com ciprestes *(1889), Van Gogh, Museu Van Gogh, Amsterdã, Holanda.*

Jesus, o Profeta Divino, a Fiel Testemunha, o Primogênito dos mortos — IX

Primícias do Pai Celestial

No capítulo anterior, reafirmei que, mediante Jesus, **a reforma do social vem pelo Espiritual**.

Trata-se, pois, de um grande trabalho a ser feito. Inapelavelmente, contudo, em Espírito e Verdade à luz do Novo Mandamento do Reformador Divino, para o qual sempre contaremos com o apoio do próprio Jesus. Foi Ele Quem, como vimos na parte VII, assegurou:

— *Eu estarei convosco, todos os dias, até ao fim do mundo!* (Evangelho segundo Mateus, 28:20).

Que conforto nos oferece o Divino Amigo!

E, não satisfeito em nos redimir pelo Seu sangue (está no versículo sexto do capítulo primeiro), nos constituiu **reino** (portanto, **poder** espiritual), sacerdotes (**virtude religiosa**), para Seu Deus e Pai (Apocalipse, 1:5 e 6). **Então, é para algo muito elevado**. Por isso, queremos a todo instante impulsionar as pessoas a subirem na direção de Deus e ser **Primícias** do Pai Celestial, como os remidos do Cordeiro no Monte Sião, descritos no Apocalipse, 14:4 e 5:

> *4 (...) eles seguem o Cordeiro de Deus por onde quer que vá. São os que foram escolhidos dentre os homens* (e mulheres) *primícias para Deus e para o Cristo;*
>
> *5 e não se achou mentira nas suas bocas, porque não têm mácula.*

Isso é governar, pois, **reformado o Espírito do ser humano, tudo irá transformar-se**. Evidentemente que não apenas pela ação unilateral de um único ser, bastas vezes disposto a armar guerras de extermínio, porém, pela vontade dos povos unida à competência que, pela intuição, nos desce do Governo do Alto. Respeitando o livre-arbítrio das criaturas, esse Comando

Espiritual, na hora possível, saibamos ou não, **sempre conteve — de uma forma ou de outra, sem que a maioria imensa da Humanidade perceba — as decisões (quando funestas) dos dirigentes terrestres. Estes, se largados totalmente soltos por aí, teriam acabado com tudo, há muito tempo**. Todavia, a Intervenção Divina vai impedindo que a nossa única morada pereça. Como já lhes disse, tantas vezes lhes disse!, Deus nos deixa moralmente livres, mas não imoralmente livres, notemos ou não o cumprimento dessa Lei.

Há 30 anos, compus uma quadrinha, que os Legionários da Boa Vontade de Deus e os Cristãos do Novo Mandamento de Jesus, o Cristo Ecumênico e Divino Estadista, cantam com toda a alegria de seus corações:

LBV, Santa e Divina,
Ajudai-me no meu roteiro
A caminhar para cima,
Elevando o povo inteiro.

LBV para cima

Música: Darcy Augusto Malheiros

Letra: Paiva Netto

O significado de primícias

O termo **primícias** é sinônimo de primeiros frutos colhidos, primórdios, prelúdios, começos. No caso humano-moral, citado no Apocalipse, significam aqueles que, ao ouvirem o chamamento de Deus, **logo Nele se integram e Dele não se devem afastar jamais**. Porque o segredo da salvação humano-espiritual **é a persistência nos assuntos celestiais** e, por força de seu benfazejo impulso, a realização de algo que enobreça a sociedade pátria e mundial. **Não basta, pois, somente crer neles. Necessário se faz exemplificá-los, porquanto é Jesus Quem declara não ser suficiente afirmarmos que cremos na Sua Autoridade sem cumprir o que Ele manda fazer**[*1].

O Divino Chefe profetiza a respeito de Sua Volta Triunfal, dizendo[*2]:

> *31 Quando o Filho de Deus vier com poder e grande glória, acompanhado de todos os Santos Anjos, então se assentará no trono da Sua honra divina.*
>
> *32* ***Todas as nações serão congregadas diante Dele****, e separará uns dos outros, como o pastor afasta as ovelhas dos cabritos;*

[*1] Leia mais sobre o assunto no terceiro volume das *Diretrizes Espirituais da Religião de Deus*, no subtítulo: "Não basta ter Fé se não for Fé Realizante".

[*2] Mais esclarecimentos no primeiro volume das *Diretrizes Espirituais da Religião de Deus*, no capítulo "Quanto ao Natal e à Volta de Jesus".

33 porá as ovelhas à Sua direita, mas os cabritos,
à esquerda.
34 Dirá então o Rei aos que estiverem à Sua direita:
Vinde, benditos de meu Pai, ingressai na posse do rei-
no que vos está preparado desde o princípio do mundo;
35 pois tive fome e me destes de comer, tive sede e
me destes de beber, era forasteiro e me recolhestes,
36 estava nu e me vestistes, enfermo e me visitastes,
preso e me viestes ver.
37 ***Então perguntarão os justos****: Senhor, quan-*
do Te vimos faminto e Te demos de comer, ou com
sede e Te demos de beber?
38 Quando Te vimos forasteiro e Te recolhemos, ou
nu e Te vestimos?
39 Quando Te vimos enfermo ou preso e Te fomos
visitar?
40 ***O Rei responderá****: Em verdade, em verdade, vos*
digo que ***quantas vezes o fizestes a um desses meus***
irmãos pequeninos, a mim mesmo o fizestes*.*
41 Dirá também aos que estiverem à Sua esquerda:
Apartai-vos de mim vós que praticais a iniquidade;
42 pois tive fome e não me destes de comer, tive
sede e não me destes de beber,
43 era forasteiro e não me recolhestes, estava nu e
não me vestistes, enfermo e preso e não me visitastes.
44 ***Também esses perguntarão****: Senhor, quando*
Te vimos faminto, com sede, forasteiro, nu, enfermo,
ou preso, e não Te servimos?

45 Então lhes responderá: Em verdade vos digo que ***quantas vezes o deixastes de fazer a um desses pequeninos, a mim o deixastes de fazer*** (Evangelho consoante Mateus, 25:31 a 45).

Direita e esquerda citadas por Jesus não têm relação com direita e esquerda ideológicas e políticas.

Jesus manda perseverar sempre

Jesus, o Bom Pastor, Aquele que recebeu de Deus o **atualíssimo** Apocalipse, reitera ainda no Evangelho segundo Marcos, 13:13, no "Sermão Profético — O princípio das dores":

— *(...) quem perseverar* ***até ao fim*** *será salvo.*

E também no Livro da Revelação Profético-Apocalíptica, 2:10, na Carta à Igreja em Esmirna, Ele divinamente incentiva os que persistirem **até ao término** das provações terrenas:

— *Sê fiel até à morte, e Eu te darei a coroa da vida.*

As primícias

Portanto, temos de dignificar o caráter de **primícias** e nunca desistir da augusta concessão **alcançada por nossos méritos**, nos moldes das duas citações, evangélica e apocalíptica, relacionadas. Do contrário, cairemos naquela chave narrada por Jesus, em Sua Boa Nova consoante Mateus, 20:1 a 16. Nela, Jesus explica por meio de parábola sobre os que, embora tenham sido fiéis no começo, não perseveram até o fim, preocupados em demasia com as recompensas materiais. Esquecem-se da Primeira Caridade (Apocalipse, 2:4), isto é, sentimentos de Amor Fraterno pelas criaturas e pelos ideais, abraçados ao longo da vida, e esmorecem. Em contraposição, aponta ainda os que se arrependem da ociosidade e passam a trabalhar perseverantes em seu reerguimento espiritual. *"Há últimos que serão os primeiros, e primeiros que serão os últimos"* (Jesus – Mateus, 20:16). Muito tem a ver com esta era apocalíptica em que o ser humano, ele mesmo, decidirá sua salvação ou danação. Neste caso, de se danar **por vontade própria**, terá de percorrer difíceis caminhos em outros orbes, que estarão em escala mais primitiva que a Terra, e começar tudo de novo[*3]. Ah! Não existe vida em outros planetas porque nossos telescópios, satélites e foguetes não avistaram os habitantes de lá? Mas quem disse que eles devem parecer conosco ou serem captados pelos nossos restritos sentidos físicos?

Por exemplo: nós, a olho nu, não vemos os micróbios nem os neutrinos. Mas eles existem, pessoal!

ADENDO ÚNICO

"A partícula de Deus"

Bem a propósito, a discussão a respeito do bóson de Higgs*4 vai célere. Provavelmente, pela relevância de tal partícula para a Ciência, o Nobel de Física (1988) **Leon Lederman** a tenha intitulado "a partícula de Deus". Ela seria, segundo pesquisadores, se comprovada, *"o meio pelo qual tudo no Universo obtém sua massa"*.

Puxa!

*3 **O Absinto** — Em "A humanidade do Absinto", publicado no primeiro volume de *O Brasil e o Apocalipse* (1984), Paiva Netto relata a história dos habitantes de um orbe que gira em torno da estrela Capela, que chegaram à Terra, na época ainda primitiva, após serem expulsos de seu planeta, com a sensação de terem sido expurgados do paraíso, pois a vida lá era mais adiantada. O mesmo irá ocorrer aqui. Desta vez, o planeta primitivo que irá acolher estes espíritos não aptos a continuarem em nosso mundo é o Absinto, como relata **Edgard Armond**, em seu livro *Os Exilados da Capela* (Editora Aliança).

*4 **Bóson de Higgs** — Proposto em 1964 pelo físico escocês **Peter Higgs**, seria uma subpartícula especial dentro da classe dos bósons (partículas que obedecem à estatística de Bose-Einstein) responsável por dotar de massa a matéria. É um dos fundamentos do Modelo Padrão de Partículas, e, caso sua veracidade não seja detectada, toda a física de partículas terá de ser reestruturada.

Integrar-se em Deus

O termo primícias é sinônimo de primeiros frutos colhidos, primórdios, prelúdios, começos. No caso humano-moral, citado no Apocalipse, significam aqueles que, ao ouvirem o chamamento de Deus, logo Nele se integram e Dele não se devem afastar jamais.

Jesus, o Profeta Divino, a Fiel Testemunha, o Primogênito dos mortos — X

Newton e Lei de Ação e Reação

É imprescindível entender a Palavra de Deus e sustentar a decidida vontade de agir pelo bem-estar espiritual, moral e físico dos semelhantes, de forma que possamos verdadeiramente viver uma Sociedade Solidária Altruística Ecumênica. Falo daquela cujos cidadãos, comunidades e governos amparam os que se encontram em desdita, motivando-os a vencê-la, instruindo-os, educando-os e

Newton

promovendo bom emprego. Porém, sem a preocupação de saber — com intenções radicais, fanáticas — estágio cultural, moral e/ou espiritual; crença ou descrença; ideologia, etnia e tudo o mais a que possam pertencer. Bandeiras que, tantas vezes, têm servido para selvagemente separar em guerras, declaradas ou não, por milênios e milênios, os habitantes da Terra. Jamais permitamos que a intolerância fustigue os seres humanos, sobretudo o ódio religioso, pois ele é terrível, já o dissemos. Se continuarmos nos comportando como bárbaros irredutíveis, ao passo que nos intitulamos seguidores de um *"Deus que é Amor"* (Primeira Epístola de João, 4:8), à medida que a História da Humanidade nos aproxima do Terceiro Milênio (estávamos em 1990), o que merecemos além das sanções grafadas no Apocalipse?

Newton, que foi um profundo estudioso do Apocalipse, escreveu em sua Terceira Lei ou Lei de Ação e Reação, no volume *Philosophiae Naturalis Principia Mathematica (Princípios Matemáticos da Filosofia Natural)*:

— A toda ação há sempre oposta uma reação igual, ou, as ações mútuas de dois corpos um sobre o outro são sempre iguais e dirigidas a partes opostas.

Ou como popularmente é conhecida, em uma de suas diversas versões:

— A toda ação corresponde uma reação, com a mesma intensidade, mesma direção e sentido contrário.

Não se trata, o mecanismo das vidas sucessivas, explicam os seus defensores, de uma crueldade de Deus. Apenas de uma Lei Universal, de certa forma relacionada, podemos dizer, com a grande descoberta do genial Isaac Newton para o vasto território da Física. Porém, quando transportada para o campo espiritual-moral, onde gravita, a Lei da Reencarnação surge iluminada pelas consequências da Bondade de Deus. Ele nos abençoa — **quando nos esforçamos por merecer** — com a Lei da Graça e do Perdão, o Seu "acréscimo de misericórdia". Afinal, o que fácil se recebe, fácil desperdiçamos. Este é um tema que temos aprofundado nas nossas pregações diárias e que levaremos adiante nos livros. (...) Digo isso, mas com todo o respeito aos que duvidam de sua existência. Pois, com apreço e estima, os tenho conclamado à perquirição dos assuntos do Espírito. Não obstante, sempre procurando manter a isenção, visando exclusivamente aos interesses da Verdade.

Importante Estatística

O ilustre professor, biblista, teósofo, parapsicólogo e radialista **José Reis Chaves**, no seu livro *A Reencarnação na Bíblia e na Ciência*, páginas 172 e 173, 7ª edição, traz-nos um relevante subsídio:

> *— A Igreja Protestante Anglicana, da Inglaterra, encomendou à Universidade de Oxford uma pesquisa sobre a reencarnação. O levantamento foi feito em 212 países, por 500 pesquisadores.*
>
> *O resultado foi, com base no ano 2.000, que, dos 6.260.000.000 (seis bilhões, duzentos e sessenta milhões) de habitantes da Terra, mais de 4.000.000.000 (quatro bilhões) de pessoas acreditavam na Doutrina da Reencarnação, ou seja, cerca de dois terços da população da Terra (World Christian Enciclopaedia da Igreja Anglicana, da Inglaterra, e Time-Life nº 18).*

A Humanidade da Terra precisa recordar-se da Humanidade do Céu

Tantos quantos regimes sejam experimentados no mundo, jamais poderão ofertar plenitude de contentamento aos povos. (...)

Para que se faça a reforma ideal da sociedade, o cidadão terrestre precisa **descobrir**, **analisar** e **entender** que **a sua verdadeira origem tem início no Plano Invisível**. Logo, quando dizemos que não bastam às criaturas apenas instrução e educação e propomos que toda a gente seja espiritualizada, convém esclarecer que esse serviço de sublimação dos povos exige que tomem conhecimento ou se recordem de que já fizeram parte da Humanidade do Alto, composta por Espíritos, antes de descerem à Terra. **Há Vida antes da vida, portanto, existem Leis que precedem às humanas e sobre elas preponderam,** pois revelou Jesus, **o Legislador Divino**:

> — *Antes que houvesse mundo, **Eu já existia*** (Evangelho segundo João, 8:58).

O Profeta Isaías, por exemplo, no capítulo 24, versículo 21, demonstra a realidade de uma Legislatura Divina, ao profetizar acerca do julgamento de seres humanos e Espíritos:

> — *Naquele dia, Deus castigará, no Céu* (isto é, no Mundo Espiritual), *as hostes celestes, e na Terra* (isto é, no mundo material que habitamos), *os reis da terra.*

Então, ninguém escapará desse julgamento.

Agora, Vocês observaram que Isaías está profetizando quanto ao **Fim dos Tempos** no Velho Testamento? Pois é. **Deus revela o Fim desde o início.** Ninguém poderá alegar ignorância. E outra coisa, trata-se de um Fim (com inicial maiúscula) que dá início a um majestoso começo. Em quanto tempo? Não sei. Jesus declarou que apenas o Pai Celestial o sabe:

> — *Mas a respeito daquele dia e hora ninguém sabe, nem os anjos dos céus, nem o Filho, mas somente o Pai* (Evangelho segundo Marcos, 13:32).

"O que ligardes na Terra..."

Por sinal, Jesus, o Político Excelso, confiou a Pedro — em quem nos inspiramos no labor de servir ao Senhor da Terra, porquanto sua postura entre os Apóstolos foi a de persistente humanidade — este providencial comprometimento, anotado por Mateus, 16:19:

> — *O que ligardes na Terra, Eu o ligarei no Céu; o que desligardes na Terra, Eu o desligarei no Céu.*

(...) Quer dizer, *lato sensu*, se todos cumprirmos os ensinamentos de Jesus, Fé e obras, **desligaremos** o sofrimento e **ligaremos** a felicidade, o Bem, ao nosso destino. Se Você não obedece às leis humanas — que são humanas — é passível de punição. Imagine quanto às Ordenações Divinas! **Mas se Você respeita as Leis Celestes, feitas para nos tornar melhores, o que há**

de acontecer-lhe? Ligar-se-á no Céu à qualidade do comportamento ideal a que se dispuser realizar.

Diante do vertiginoso progresso tecnológico (**e descompassos econômicos**), que nos pode arrastar a qualquer situação, boa ou má, é urgente que a sociedade planetária se alie aos Políticos, Economistas e Religiosos Celestes[*1] para merecer a proteção deles. Jamais deve sintonizar-se com os habitantes das regiões inferiores (ainda a nós invisíveis), ou infernos, se assim preferirem. Embora **inferno**, segundo eles, seja de modo implacável para sempre, e **Umbral** tenha sua ação restrita à necessidade de tempo para a melhora do Espírito em provação. Infelizmente, o que se tem assistido, por milênios e milênios, **é o triste conluio entre homens e seres espirituais atrasados, que muitos costumam chamar de demônios.** A baixa influenciação dessas almas ainda perversas tem levado gerações e gerações aos mais inacreditáveis e sangrentos antagonismos. Por isso, com muito acerto, concluiu Zarur que

> *— o segredo do governo dos povos é unir à Humanidade da Terra a Humanidade do Céu* (Espiritual Elevado).[*2]

[*1] **Abrangência do TBV** — Leia mais no segundo volume de *Diretrizes Espirituais da Religião de Deus*, capítulo "Quanto à Abrangência do Templo da Boa Vontade".

Contudo, a maioria dos comandantes deste orbe desconhece em profundidade a **Constituição Divina do planeta Terra**, motivo pelo qual suas legislaturas pouco ou nada nela se firmam. Daí os grandes problemas que afligem os grupos humanos **que, por se considerarem muito inteligentes, menoscabam a Sabedoria de Deus**. Não percebemos devidamente, à beira do século 21 (estávamos em 1990), que **antes de carne somos Espírito**, é bom sempre relembrar. O mundo precisa de visionários.

E as implicações práticas decorrentes do incandescimento da consciência humana pelo clarão inextinguível do Conhecimento Celeste, há milênios, foram antevistas. Nós o podemos comprovar nas palavras do Profeta Miqueias, 4:1 a 4, no Antigo Testamento da Bíblia Sagrada:

"Vaticínios favoráveis
Restauração e tranquilidade"

1 E acontecerá isto: No último dos dias o monte da casa do Senhor será preparado no alto dos montes, e se elevará sobre os outeiros: e os povos concorrerão a ele.

Nota de Paiva Netto

*[2] Na revista *Jesus Está Chegando* nº 62, setembro de 1999, e em outras publicações, apresento e comento esta afirmativa de Alziro Zarur, indispensável tema para conhecimento e sobrevivência dos seres humanos: *"O segredo do governo dos povos é unir à Humanidade da Terra a Humanidade do Céu"*.

2 E as nações em turmas se darão pressa por lá chegar, e dirão: Vinde, subamos ao monte do Senhor, e à casa do Deus de Jacó: e Ele nos ensinará os seus caminhos, e nós andaremos pelas suas veredas: porque a lei sairá de Sião, e a palavra do Senhor de Jerusalém.

3 e Ele excitará o Seu juízo sobre muitos povos, e castigará poderosas nações até os lugares mais remotos: e eles converterão as suas espadas em relhas de arados, e as suas lanças em enxadões: um povo não tirará mais da espada contra outro povo: e eles não aprenderão mais a pelejar.

4 E cada um estará assentado debaixo da sua parreira, e debaixo da sua figueira, e não haverá quem os intimide: porque assim o disse pela sua boca o Senhor dos exércitos.

Acima de leis humanas

Há Vida antes da vida, portanto, existem Leis que precedem às humanas e sobre elas preponderam.

Jesus, o Profeta Divino, a Fiel Testemunha,
o Primogênito dos mortos — XI

Bonifácio, Kennedy, Shaw e o Mundo Invisível

John Fitzgerald Kennedy (1917-1963), em seu discurso diante do Parlamento irlandês, no dia 28 de junho de 1963, em Dublin, Irlanda, afirmou:

George Bernard Shaw

John Kennedy

> — *George Bernard Shaw, falando como um irlandês, sugeriu uma nova perspectiva à vida. Algumas pessoas, ele disse, "veem as coisas e perguntam: Por quê? Mas eu sonho com coisas que nunca existiram — e questiono: Por que não?".*

E, como um descendente de imigrantes irlandeses, prossegue JFK:

> — *É esta a qualidade do povo irlandês: a notável combinação de esperança, convicção e imaginação — que, mais do que nunca, é preciso ter. Os problemas do mundo não podem ser resolvidos por céticos ou cínicos, cujos horizontes se limitam às realidades evidentes. Precisamos de homens capazes de imaginar o que nunca existiu e de questionar "por que não?".*

Ora, essas também são qualidades do nosso **bom povo brasileiro**, iluminado de esperança, por pior que seja a situação. É como exclamou o notável José Bonifácio de Andrada e Silva (1763-1838), o Patriarca da Independência:

> — *Os brasileiros são entusiastas do belo ideal, amigos da sua liberdade.*

José Bonifácio de Andrada e Silva

Ditas todas essas coisas, fica claro aos que *"têm olhos de ver e ouvidos de ouvir"* que o aprendizado neste mundo **ainda é incompleto**. A Vida Espiritual é semelhante à Lei da Gravitação Universal, de Newton: **não adianta negá-la, porquanto ela existe**. Realmente, é necessário **reiterar** o ensinamento: **a reforma do social começa no Espiritual**. Ponto de vista que viemos discutindo e que desenvolveremos no transcurso das explicações do Evangelho-Apocalipse de Jesus, em Espírito e Verdade pelo prisma do Mandamento Novo. Não é sem motivo que O chamamos de **Cristo Ecumênico**, porque o Seu Poder Sacrossanto a tudo abarca. Razão pela qual — guardem bem isto — Ele é o Divino Estadista.

“Só Jesus pode salvar o Brasil e o mundo”

Zarur costumava exclamar **em suas pregações e nas preces que maravilhosamente proferia**:

> — *O que falta ao Brasil é esta humildade de proclamar que homem nenhum faz coisa alguma; que sem Jesus ninguém pode resolver nada. Porque, de fato, tudo isso que Jesus profetizou está acontecendo. Ora, o Cristo veio exatamente ao mundo para nos libertar da ignorância.* ***Só Jesus pode salvar o Brasil e o mundo****. Não há de ser com golpes, não há de ser com violências, com perseguições, com comunismos, com capitalismos. Não. Nós só precisamos do Cristianismo do Cristo. Ali estão todas as soluções para os problemas que afligem o Brasil e a Humanidade. Por isso é que o velho Simeão, pegando o menino Jesus no colo, disse: "Este vem para a queda e levantamento de muitos". Porque só Jesus é poder.*

Reino dos homens torna-se de Deus

Tudo que aqui é exposto será um dia fácil à compreensão terrena, porque não haverá coisa alguma que separe o Reino de Deus do reino dos homens.

— *E ao toque da Sétima Trombeta, o reino do mundo* ***tornou-se de Deus e do Seu Cristo****, e Ele reinará pelos séculos dos séculos.*
(Apocalipse, 11:15)

Friedrich Schiller

Jesus anunciou em Sua Boa Nova que **todos seremos um como Ele é Um com o Pai Celestial** (Evangelho consoante João, 17:22).

Ludwig van Beethoven

Essa Divina Profecia do Cristo de Deus foi vislumbrada, conscientemente ou não, pelo poeta, filósofo e historiador alemão **Friedrich Schiller** (1759-1805), ao compor os versos de sua *Ode an die Freude (Ode à Alegria*[*1]*)*, que traduzem esse espírito de integração e de Fraternidade universal. Seu famoso poema foi adaptado com esmero e imortalizado pelo extraordinário **Ludwig van Beethoven** (1770-1827), no quar-

[*1] **Ode à Alegria ou Hino à Alegria** — O prelúdio de *Ode à Alegria,* quarto movimento da *Nona Sinfonia* de Beethoven, foi adotado como Hino Europeu, ou também Hino da União Europeia. Por conta da variedade de idiomas do continente, oficialmente o hino é puramente instrumental. No entanto, vê-se durante a apresentação do *Hino à Alegria* muita gente cantando-o.

Padre João de Brito

to movimento de sua *Nona Sinfonia*, considerada por muitos sua obra-prima:

> *(...)*
> *Todos os seres humanos se tornarão irmãos (...).*
> *(...)*
> *Abracem-se milhões!*
> *Enviem este beijo para todo o mundo!*
> *Irmãos, além do céu estrelado*
> *Mora um Pai Amado.*
> *Milhões, vocês estão ajoelhados diante Dele?*
> *Mundo, você percebe seu Criador?*
> *Procure-O mais acima do céu estrelado!*
> *Sobre as estrelas onde Ele mora!*

Enfim, nada mais nos apartará do Amor de Deus, *"energia que move os mundos"*, na definição do padre **João de Brito** (1647-1693). É o que também deixa evidente o Apocalipse, 21:4:

> — *E Deus lhes enxugará dos olhos toda lágrima, e não haverá*

mais morte, e não haverá mais luto, e não haverá mais pranto, nem gritos, nem dor, porque as primeiras coisas passaram,

como veremos adiante neste estudo.

Revolução Espiritual como nunca houve

O entendimento da Lei de Jesus, a Política de Deus (Evangelho segundo João, 13:34 e 35, 15:12 a 17 e 9º)[*2], **é uma revolução espiritual sem precedentes. Ela abre as cabeças para a constante conexão entre a esfera dos que na Terra renasceram e a Dimensão dos Desencarnados**[*3]. Trata-se, como revelou Alziro Zarur, da **"União das Duas Humanidades"**[*4]**. E levá-la à frente, com todo o senso de responsabilidade, é dever assumido por Vocês antes de renascerem, ó Simples de Coração, tão afáveis à Inspiração Divina!**

[*2] **Lei de Jesus (Evangelho segundo João, 13:34 e 35, 15:12 a 17 e 9º)** — Veja o Tratado do Novo Mandamento de Jesus, na página 9.
[*3 e 4] **Constante conexão entre Terra e Céu e "União das Duas Humanidades"** — Outros esclarecimentos em "Quanto à Abrangência do Templo da Boa Vontade", nas *Diretrizes Espirituais da Religião de Deus,* vol. II, e no terceiro volume de *O Brasil e o Apocalipse,* livros de autoria de Paiva Netto.

Paul von Hindenburg

Montesquieu

Apocalipse — resultado de nossa conduta

Na nossa conduta, se intrinsecamente civilizada, patenteia-se a oportunidade de viver um mundo extraordinário em que o respeito entre as criaturas seja a norma de procedimento na carreira dos povos e de seus governos. É o que nos anunciam o Apocalipse e as páginas das religiões da Terra, quando lidas, compreendidas e exercidas à distância de anos-luz do inferno do ódio.

Há de haver ética. Senão um perturbado qualquer vem e propõe matar, chacinar e roubar, para dar vida a um ideal tresloucado. E pode acabar arrastando milhares, posteriormente milhões, como ocorreu, por exemplo, com **Adolf Hitler** (1889-1945), que começou assassinando alemães.

Ele nasceu austríaco, todos sabemos. Só em 25 de fevereiro de 1932 foi naturalizado alemão. Pouco tempo depois, assumiria, por via legal, o posto de chanceler, em 30 de janeiro de 1933, em

Berlim, nomeado pelo presidente **Paul von Hindenburg** (1847-1934). Recordem-se, porém, dos processos vis que usou. Por isso, é básico que os três poderes funcionem independentes e harmoniosos entre si. Eles são três, na classificação proposta por **Montesquieu** (1689-1755), e não um ferozmente sobrepondo-se aos demais.

Aqui, dados históricos:

> *Os nazistas matavam os que a eles se opunham ou obstruíam, fosse algo real ou potencialmente. (...) Na verdade, é por isso que os críticos, os pacifistas, os objetores escrupulosos, rebeldes universitários, dissidentes e outros ao longo da história de doze anos do regime na Alemanha foram executados, desapareceram, ou lentamente morreram em campos de concentração. Os nazistas, portanto, mataram cerca de 288 mil alemães, sem contar judeus, homossexuais e aqueles "eutanasiados" forçadamente. Incluindo-se esses últimos, os nazistas, então, assassinaram pelo menos 498 mil alemães*[*5]. (R. J. Rummel. Democide: Nazi Genocide and Mass Murder. New Brunswick, NJ: Transaction Publishers, 1992.)

[*5] Traduzido a partir da obra original em inglês.

Adendo I

Massacre na Noruega

Por que tantas citações ao nazismo? Agora mesmo, neste ano de 2011, no dia 22 de julho, uma sexta-feira, assistimos, transidos, à notícia de chacina ocorrida na Noruega, reconhecidamente um país pacífico. **Anders Behring Breivik**, autor confesso do duplo atentado em Oslo, ceifou a vida de 76 pessoas: oito com a explosão de uma potente bomba na frente da sede do governo e outras 68 no acampamento da Juventude Trabalhista da Noruega (AUF), na ilha de Utoeya, a 40 quilômetros da capital. Curioso é que ele fez questão, e assim o declarou, de eliminar noruegueses, à semelhança do seu pior inspirador. Como a mídia praticamente deixou de falar no assunto, muitos são capazes de pensar que é um caso terminado. Será?! Aquele homem na aparência é um. Mas quantos fanáticos radicais, que pensam como ele, andam por aí maquinando coisas piores?! A questão deve ser tratada seriamente. Lembrem-se de que Hitler era considerado um delirante, que andava por aí falando aos borbotões. Até **Churchill** (1874-1965), que foi um dos primeiros a chamar a atenção do mundo para o perigo nazista, chegou a tecer comentários elogiosos em referência ao celerado nascido

(Adendo I)

em Braunau. Churchill era homem de posições geralmente extremadas. Apesar dessas declarações sobre Hitler, não deixou de se voltar decididamente contra a política de apaziguamento com o *Füher,* promovida por **Neville Chamberlain** (1869-1940). Depois, antes que os outros acordassem, Winston passou a alertar os países sobre o poder cruel que se levantava.

Churchill

Neville Chamberlain

ADENDO II

Capela Sistina e Apocalipse

Em 18 de outubro de 2007, no Salão Sistino dos Museus do Vaticano, o cardeal secretário de Estado, **Tarcisio Bertone**, em seu pronunciamento de abertura da exposição "**Apocalipse. A última Revelação**", dirigindo-se a personalidades

(Adendo II)

Detalhe do afresco de Perugino Cristo entrega a Pedro as Chaves do Reino dos Céus, *Capela Sistina, Vaticano (1481-1482).*

mundiais presentes, discorreu a respeito da mensagem do empolgante Livro Profético. Eis expressivo trecho da palavra do eminente sacerdote católico, de acordo com o *site* da Santa Sé:

> *A leitura do Apocalipse, como a visão do Juízo Universal na Capela Sistina, desperta indubitavelmente uma emoção na alma. Mas trata-se da emoção do enlevo, da majestade e da misericórdia surpreendente que vêm ao nosso encontro, e não do arrepio tétrico e desesperado da ruína e do medo. Estas páginas e estas obras de arte não nos querem assustar, mostrando-nos as cenas da eternidade: pelo contrário, querem recordar-nos a vida que aqui na Terra se consome e que todos os dias nós impregnamos com a qualidade dos nossos gestos.*

(Adendo II)

Ler no Apocalipse o anúncio da Ressurreição final é em si uma consolação e uma forma de justiça. Não podemos esquecer que o mundo só será justo quando os mortos ressuscitarem, quando todas as feridas forem curadas, todas as lágrimas enxugadas, quando todos os discursos interrompidos forem retomados, e atendidos todos os desejos de bem. Neste sentido, a visão da Jerusalém celeste não é apenas a última parte do Apocalipse e da exposição, mas inclusivamente uma exigência lógica, um postulado da moralidade e uma condição imprescindível para que falar de justiça possa ter algum sentido.

Essa manifestação de Sua Eminência vem ao encontro do que pensamos na Religião de Deus acerca do Apocalipse de Jesus, por sinal, *"o mais importante livro da Bíblia Sagrada na atualidade"*, conforme o definiu Alziro Zarur, saudoso fundador da LBV.

Conduta civilizada

Na nossa conduta, se intrinsecamente civilizada, patenteia-se a oportunidade de viver um mundo extraordinário em que o respeito entre as criaturas seja a norma de procedimento na carreira dos povos e de seus governos.

A criação de Adão *(1510), na concepção de Michelangelo Buonarroti.*

JESUS, O PROFETA DIVINO, A FIEL TESTEMUNHA, O PRIMOGÊNITO DOS MORTOS — XII

Do Gênesis ao Apocalipse

As mudanças climáticas provocadas pelo aquecimento também **artificial** do planeta; a ferida na camada de ozônio; o esgotamento dos recursos naturais; os combustíveis fósseis com alto teor de enxofre em sua composição, o que gera grandes prejuízos à saúde humana e ao meio ambiente; a poluição das águas, que, entre outras aberrações, acarreta o recrudescimento da maré vermelha, que envenena oceanos e estuários, causada pela concentração cada vez maior de algas supertóxicas, fartamente alimentadas pelo excesso de sais minerais decorrentes do escoamento do esgoto doméstico, alteração da salinidade, sem falar da oscilação da temperatura das águas; as, digamos, recentes enfermidades, para as quais a cura em muitos casos ainda não foi descoberta; a extinção criminosa de espécies animais; o perigo que correm as abelhas que polinizam a Natureza, os morcegos frugívoros, as aves, que levam adiante as sementes de novas matas e se alimentam de insetos nocivos à saúde humana; o desmatamento e a degradação inclementes de florestas e mais florestas para expansão, quando desordenada e predatória, de cultivos e pastagens; a crise do petróleo e as questões econômicas mal resolvidas, entre outros problemas, encontram-se igualmente antevistos no Apocalipse e no Discurso do Fim dos Tempos, pronunciado por Jesus no Seu Evangelho segundo Mateus, Marcos e Lucas, que aqui apresentamos harmonizados pelo sacerdote católico Léo Persch, em seu trabalho *Um Só Evangelho ou Harmonia dos Evangelhos*:

Palavras de Jesus, o Profeta Divino, sobre

O fim do mundo

Mateus 24:29-31; Marcos 13:24-27;
Lucas 21:25-27

Logo após a tribulação daqueles dias, haverá sinais no sol, na lua e nas estrelas: o sol escurecer-se-á, a lua não mais dará o seu brilho, e as estrelas do céu cairão. Na terra reinarão angústia e consternação dos povos por causa dum estranho bramido das vagas do mar; serão abaladas as forças do firmamento e os homens desfalecerão de terror ante a ansiosa expectativa do que há de acontecer com o mundo. Então aparecerá no céu o sinal do Filho do Homem; lamentar-se-ão todos os povos da terra e verão o Filho do Homem vir sobre as nuvens do céu, com grande poder e majestade. Ele enviará os seus anjos, ao som vibrante da trombeta; estes ajuntarão os eleitos dos quatro pontos cardeais, desde a extremidade do céu até os confins da terra.

Quando será o fim do mundo

Mateus 24:14, 36; Marcos 13:10, 32

Aquele dia, porém, e aquela hora, ninguém a conhece, nem os anjos do céu, nem mesmo o Filho, mas somente o Pai.

É necessário, porém, que primeiro o evangelho do reino seja pregado em todo o mundo, em testemunho a todos os povos. E então virá o fim.

Cada um se prepare para o próprio fim

Mateus 24:42; Marcos 13:33; Lucas 21:34-36.

Cuidai, portanto, de vós mesmos, para que os vossos corações não se endureçam pelo excesso de comida, bebida ou cuidados terrenos, a fim de que não vos surpreenda aquele dia; porque ele virá como armadilha sobre todos os habitantes de toda a terra.

Sede atentos e vigiai, porque não sabeis o dia e a hora em que o Senhor há de vir; e rezai sempre, para que vos torneis dignos de escapar a todos os males que hão de vir e de subsistir perante o Filho do Homem.

Profecias antes do Apocalipse

Há quem pense que somente o Apocalipse apresenta profecias. Como vimos no capítulo "O que está havendo com o planeta?", não é assim.

Sem citarmos as predições dos Apóstolos do Cristo em suas Epístolas e dos Profetas no Antigo Testamento da Bíblia Santa, como acabamos de ver no Evangelho, também **estão fotografadas com antecedência por Deus** as profecias bíblicas, para que Ele, **no Apocalipse**, possa **alertar *"os Seus servos a respeito das coisas que em breve devem acontecer"***.

Aqui, cabe muito bem um esclarecimento sobre a função **abrangente** da palavra "profeta", que fui buscar em *O Evangelho Segundo o Espiritismo*, de Allan Kardec, capítulo XXI (21):4:

Missão dos Profetas

4. Atribui-se comumente aos profetas o dom de adivinhar o futuro, de sorte que as palavras profecia e predição se tornaram sinônimas. No sentido evangélico, o vocábulo profeta ***tem mais extensa significação****. Diz-se de todo enviado de Deus com a missão de instruir os homens e de lhes revelar as coisas ocultas e os mistérios da vida espiritual. Pode, pois, um homem ser profeta, sem fazer predições.*

Aquela era a ideia dos judeus, ao tempo de Jesus. (...) Entretanto, deu-se o caso de haver profetas que tiveram a presciência do futuro, quer por intuição, quer por providencial revelação, a fim de transmitirem avisos aos homens. Tendo-se realizado os acontecimentos preditos, o dom de predizer o futuro foi considerado como um dos atributos da qualidade de profeta. (O destaque é nosso.)

Tribulação jamais vista

Apesar da gravidade comum a todas as épocas de profunda transformação, **sempre surge um mundo novo, trazendo outras perspectivas para a vida dos povos**. Há, todavia, este ponto a ser **reiterado** nos dias que vivemos: não nos é permitido esquecer que Jesus, o Vidente Divino, se refere a uma **Grande Tribulação, jamais vista pelos olhos terrestres.**

Dificilmente teremos, por ora, o fim do planeta como muitos e muitos costumam acreditar. Entretanto, poderemos assistir, na condição de encarnados ou desencarnados, ao termo de uma era cheia de cobiça, ódios e preconceitos. Então, após tudo isso, custe o tempo e as dores que custarem, **realmente virá um *"novo Céu e uma nova Terra"*** (Apocalipse, 21:1), anúncio comprovante de que **a existência humana continuará**. Estudaremos tudo isso com mais apuro no decorrer de nossas pregações do Apocalipse de Jesus para os Simples de Coração, que apenas estão começando. (Esta série teve início em 1990.)

(P.S. — O modo pelo qual a Vida prosseguirá, discutiremos na primeira oportunidade.)

Término da era de cobiça, ódios e preconceitos

Dificilmente teremos, por ora, o fim do planeta como muitos e muitos costumam acreditar. Entretanto, poderemos assistir, na condição de encarnados ou desencarnados, ao termo de uma era cheia de cobiça, ódios e preconceitos.

JESUS, O PROFETA DIVINO, A FIEL TESTEMUNHA, O PRIMOGÊNITO DOS MORTOS — XIII

Os servidores de Deus e a hora presente

Atravessamos um momento de transformação no mundo, radical e turbulento sob muitos aspectos, o que exige de nós capacidade superior no enfrentamento de obstáculos de todos os matizes. Não me refiro a uma correria neurótica — porque há gente que corre, corre, corre sem chegar a ponto algum. Falo aqui de uma preparação sistemática e corajosa para tempos, na realidade, **melhores**, sempre desejados, mas até agora não devidamente conseguidos pela Humanidade (...). O que lhe anda talvez faltando é perspicácia e perseverança no tocante a certos ensinamentos básicos que Jesus, o Profeta Divino, farta e esperançosamente, nos transmite. Um exemplo encontramos na **Parábola do Grão de Mostarda**, em que um homem tem uma pequena semente e, apesar de miúda, a planta no seu campo, e ela cresce e se torna uma árvore frondosa:

A Parábola do Grão de Mostarda

Jesus (Mateus, 13:31 e 32)

> *31 Outra parábola Jesus lhes propôs, dizendo: O reino dos céus é semelhante ao grão de mostarda que o homem, pegando nele, semeou no seu campo;*
> *32 O qual é, realmente, a menor de todas as sementes; mas, crescendo, é a maior das plantas, e faz-se uma árvore, de sorte que vêm as aves do céu, e se aninham nos seus ramos.*

Esse homem teve uma **visão profética**, porque **possuía conhecimento** acerca do extraordinário valor contido na sementinha. É essa uma das lições que Jesus, nessa parábola, nos quer transmitir. O contrário seria ver esse diminuto grão largado no caminho, sem terreno para germinar. Assim, quando não temos conhecimento da potência que traz a Palavra Divina, arriscamo-nos a chutar a semente e desprezar a grande fortuna que Deus nos oferece. Ora, o que hoje aprendemos senão que aquele que possui informação e comunicação é dono do mundo?...

Vê-se logo que o chutador de semente anda muito mal informado. Imaginemos o que acontece com quem não sabe Evangelho e Apocalipse, de preferência em Espírito e Verdade à luz do Novo Mandamento de Cristo Rei.

João Evangelista

João — exemplo de companheirismo e de fidelidade a Jesus

Os mais antigos que me honram com o seu entusiasmo sabem que repetidas vezes eu lhes disse que uma organização vitoriosa deve manter a parte administrativa *soft*, em que haja sempre o contato com as bases, uma comunicação — interna e externa — impecável, transparente e agilíssima. Para isso, necessita contar com colaboradores valorosos, com mulheres e homens de visão, tal como se mostrou **bom companheiro** o Evangelista-Profeta,

— *(...)* ***na tribulação, no reino e na perseverança em Jesus*** (porquanto João fora exilado na ilha chamada Patmos), ***por causa da Palavra de Deus e do testemunho de Jesus Cristo*** (Apocalipse, 1:9).

João não capitulou, permanecendo fiel ao seu Mestre. Sabiamente, definiu o Irmão Flexa Dourada (Espírito):

— *O primeiro conceito de Jesus sobre a santidade é a perseverança no Bem.*

Por essa razão os cooperadores do Senhor devem mostrar-se capazes, leais e dispostos a doar-se de si um pouco que seja, pois é de sua vocação natural praticar o Bem às criaturas.

Bom companheirismo — Permanente Bandeira

O exemplo do **bom companheirismo de João**, expresso na sua **fidelidade inarredável a Jesus** — *"(...)* ***na tribulação"*** —, **tem de ser a nossa permanente bandeira**. Apenas assim não seremos tisnados, como os integrantes da Igreja em Éfeso, **pelo opróbrio de ter perdido a Primeira Caridade**. É ainda o modelo do **bom companheirismo evangélico e apocalíptico**

vindo do Profeta de Patmos, que nos ensina — "***no reino e na perseverança em Jesus Cristo***" — **a jamais desanimar. Mesmo que as procelas da existência humana ambicionem sufocar o peregrino em sua trajetória, ele prossegue resoluto em sua marcha.**

Não é bastante elaborar planos notáveis e, depois, nunca atingir o ponto almejado, porque se desprezou um **conceito revolucionário denominado Primeira Caridade**. Aliás, um perigo que atingiu, como já lembramos, os componentes da Igreja em Éfeso, não obstante as qualidades que possuíam (Apocalipse, 2:4, 5 e 7):

> *4 Tenho, porém, contra ti* ***que abandonaste a tua Primeira Caridade***.
>
> *5 Lembra-te, pois,* ***de onde caíste****, arrepende-te e volta à prática das primeiras obras; porque, se não, virei contra ti e moverei do seu lugar o teu candeeiro,* ***caso não te arrependas***.
>
> *7 Quem tem ouvidos de ouvir ouça o que o Espírito diz às igrejas do Senhor. Ao vencedor, darei a comer os frutos da Árvore da Vida Eterna que se encontra no paraíso de meu Deus.*

Não podemos "morrer na praia", por causa de titubeios, após atravessarmos a fortes braçadas oceanos turbulentos. Urge que mantenhamos firmemente a nossa confiança no Salvador, que em hipótese alguma mentiu nem se deixou enfraquecer.

No Evangelho segundo Lucas, 18:8, o Excelso Pegureiro argui de nós:

> — *Quando vier o Filho de Deus,* ***achará porventura Fé na Terra?***

Motivados, em uníssono, poderemos responder-Lhe:

> — *Sim, Divino Senhor,* ***encontrarás Fé na Terra****, porque saberemos, seguindo fielmente a Tua Soberana Vontade, persistir além do fim.*

Trata-se de um gigantesco desafio na hora presente da Humanidade, pois os Tempos chegaram. Contudo, quando estamos integrados em Deus, as dificuldades só nos fazem crescer.

O Economista Celeste e a Seara Divina

Voltemos ao versículo quarto do capítulo segundo do Apocalipse, em que Jesus admoesta os irmãos da Igreja em Éfeso:

> — *Tenho, porém, contra ti que abandonaste a* ***Primeira Caridade****,*

que provém, imaculada, Dele.

Firmado nas instruções do Evangelho e do Apocalipse do Preceptor Celeste, em Espírito e Verdade à luz do Novo Mandamento Dele, que é o Cristo Ecumênico, o Político Divino, pergunto: O que ocorre quando as suas Almas são tocadas pela pregação da Palavra de Deus e pelos bons atos que praticam de coração puro? Vocês se sentem **tomados de feérica luminosidade, de bom ânimo, de incansável decisão**! Todavia, como relata o Sábio dos Milênios, na **Parábola do Semeador** — Jesus (Marcos, 4:1 a 20), se a semente cai em solo profundo, cria raízes e dá bons frutos; também pode tombar na beira da estrada, ou entre as pedras, e logo morre. Se despenca em terreno de solo raso, e vem o calor do sol, que são as tentações do mundo, a semente murcha. Trata-se do resultado da maquiavélica ação de satanás, que é a maldade, a perturbação obsessiva, o desvio das lições de Deus. Deus, quando entendido como Sublime Fraternidade. O semeador se entristece, **mas não cessa de laborar na Seara Divina, porque há de obter o regozijo com a semeadura em terra fértil**. Ele verá a lavoura crescer, os bosques tomarem vulto, os pomares frutificarem. Por isso, os que labutam no Campo do Admirável Provedor não desanimam com o que se lhes afigura mau resultado. **Firmam-se e espelham-se naquelas sementes que caíram em terra fecunda, se desenvolveram** e agora produzem bons frutos. Em momento algum tais semeadores abriram mão de, por sua vez, arar e dispor o solo, a fim de acolher o gérmen da mensagem sobranceira do Economista dos economistas, o Cristo, o Profeta de Deus.

Levar adiante a flâmula do Evangelho-Apocalipse

Jesus, ao repreender a comunidade em Éfeso, **ao mesmo tempo convoca todos a nunca desistir de Seus ensinamentos, não perder o primeiro fervor (Caridade) e levar adiante a flâmula do Evangelho-Apocalipse, sem ira e fanatismo**. O Mestre Celestial é divinamente justo e generoso. Com Ele, que é **UM** com Deus (Evangelho segundo João, 10:30), contaremos no dia do Julgamento.

Diante disso, pelo fato de ser Jesus **UM** com o Pai Celestial, damos a palavra ao Profeta Joel, 4:14 a 16. Antigo Testamento da Bíblia Sagrada.

> *14 Que multidão, que multidão no vale do julgamento! Porque chegou o Dia do Senhor (no vale do julgamento).*
>
> *15 O sol e a lua se obscurecem, as estrelas empalidecem.*
>
> *16 O Senhor rugirá de Sião, trovejará de Jerusalém; os céus e a terra serão abalados. Mas o Senhor será um refúgio para o seu povo (...).*

José de Paiva Netto e dom Lucas Moreira Neves, em Salvador/BA.

Esse trecho do Profeta Joel retirei da Bíblia Sagrada traduzida dos originais em grego, hebraico e aramaico mediante a versão dos Monges de Maredsous (Bélgica) pelo Centro Bíblico Católico. Tal versão do Livro Santo me é especial, por sempre me trazer a benfazeja recordação de meu saudoso amigo, o então cardeal arcebispo primaz do Brasil, dom **Lucas Moreira Neves** (1925-2002). No Natal de 1988, ele me presenteou com esta versão da Bíblia, que lhe era muito estimada. Nela, há a seguinte dedicatória, que me honra: *"Ao Dr. José de Paiva Netto, com votos de feliz e sereno Natal. † Lucas Moreira Neves, Natal de 1988".*

Estímulos

Quando estamos integrados em Deus, as dificuldades só nos fazem crescer.

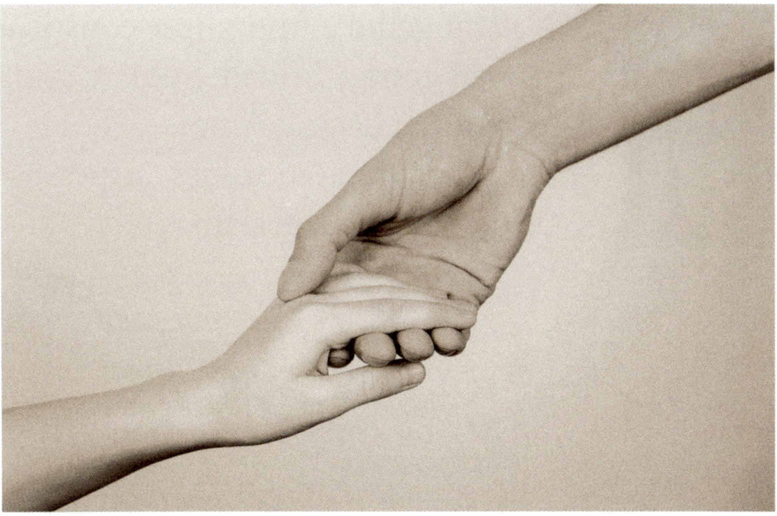

Jesus, o Profeta Divino, a Fiel Testemunha, o Primogênito dos mortos — XIV

A potente Caridade

Alguns pensam, como já lhes disse, que Caridade é enfiar um pão seco pela goela de um carente social que não tem onde cair e afastar-se dele o mais rápido possível. No entanto, **Caridade é a força que nos mantém de pé! Caridade expressa pujança, competência, qualidade, respeito, afeto, carinho e mais uma porção de elementos. Em nossas vidas quando áridas — por ausência de conexão com a Boa Vontade de Deus — às vezes pouco percebemos quanto a Caridade Celeste nos faz falta!**

Cairbar Schutel

Evangelho e Apocalipse constituem a mais pura Caridade, pois Caridade é Amor, e Deus é Amor.

Em diversas ocasiões, a pessoa se alimenta bem e reclama:

> — *Está me faltando alguma coisa. Acabei de comer e estou insatisfeito(a)!*

Trata-se de uma **vitamina especial** que não constava daquela alimentação que lhe foi oferecida.

Assim ocorre frequentemente na lide terrena e espiritual.

Caridade, primícia de Deus

Estudioso do Apocalipse, o escritor e pregador espírita **Cairbar Schutel** (1868-1938), referindo-se aos *"cento e quarenta e quatro mil selados que foram comprados da Terra"* (Apocalipse, 14:3) — que sabemos ser o **número-qualidade** de que nos falava Zarur —, explica que João Evangelista,

— *empregando a expressão "foram comprados da Terra", quis significar que os cento e quarenta e quatro mil se devem fazer reconhecer pelo seu desprendimento das coisas do mundo, pela sua moral, pela sua humildade,* ***finalmente, pela sua caridade, virtude que é a primícia para Deus.*** *[*1] (O destaque é nosso.)

Sem o espírito de Caridade, que é Deus, pois Ele é Amor, ninguém retamente decifrará de forma justa o Recado Celeste, dirigido aos seres da Terra e aos Espíritos do Céu da Terra, pelo Apocalipse.

Como já citei, nesta pregação do Apocalipse de Jesus para os Simples de Coração, não podemos decifrar um Livro Sagrado de um Deus, que é Amor, motivados por ódio ou inveja. Seria cavar a própria sepultura pela Eternidade.

Oportuna se faz esta reflexão que nos apresenta o sábio chinês Confúcio, em sua obra *Os Analectos* (XII:10):

— *Faça o seu princípio norteador dar o melhor de si pelos outros e ser coerente com aquilo que diz (...).*

Nota do autor

[*1]"Esse livro de Cairbar Schutel, *Interpretação Sintética do Apocalipse,* me foi presenteado pelo meu velho amigo dr. Guy Machado."

A origem do Bem

O Apóstolo Tiago, na sua marcante Epístola, 1:16 a 18, escreve:

> *16 Não vos enganeis, meus irmãos amados,*
> *17 toda boa dádiva e todo o dom perfeito* ***são lá do Alto, descendo do Pai das Luzes****, em Quem não pode existir variação ou sombra de mudança,*

porque Deus não é como um ser leviano que se precipita. Nem profere uma sentença e dali a pouco a desmente, ou já vai afirmando outra, sabendo que está enganando os seus parentes carnais ou em humanidade. Esse tipo de atitude não permanece eternamente impune. A consciência não o permite, nesta ou na Outra Vida.

E Tiago Apóstolo prossegue:

> *18 Segundo o Seu querer,* ***Ele nos gerou pela palavra da verdade****, para que fôssemos como que* ***primícias*** *das Suas criaturas.*

O que Deus espera de nós

Procuremos então, humilde e diligentemente, trilhar a vereda do Progresso Espiritual. Ela nos foi aberta por

Jesus, o Filho Primogênito do Pai Celeste, para que nos tornemos também **Primícias** Divinas.

E referentemente ao pagamento justo que Dele merecerem os que perseveram, convém recordar esta passagem da Boa Nova segundo Lucas, 10:7, quando o Cristo, o Profeta Divino, na Sua Sacrossanta Sabedoria, declara:

— *O operário é digno do seu salário.*

O Supremo Criador de todos nós fervorosamente aguarda que, de igual modo, sejamos **primícias**, isto é, primogênitos, **seguindo o exemplo de Jesus**.

Meu Deus do Céu, **não há nada mais feliz que isso**! E Ele tem poder para realizar tamanho milagre, consoante o que comovidamente lemos no Apocalipse, 21:4 a 6, e sempre aqui lembramos:

O novo Céu e a nova Terra

4 E Deus lhes enxugará dos olhos toda lágrima, e não haverá mais morte, e não haverá mais luto, e não haverá mais pranto, nem gritos, nem dor, ***porque as primeiras coisas passaram.***

5 Então Aquele que está assentado no trono disse: ***Eis que faço novas todas as coisas.*** *E acrescentou: Escreve, porque* ***estas palavras são fiéis e verdadeiras.***

6 Disse-me ainda: ***Tudo está feito.*** *Eu sou o Alfa e o*

Ômega, o Princípio e o Fim. E a quem tem sede, ***darei de graça a beber da fonte da água da Vida Eterna.***

Agentes e pacientes da Profecia

As impactantes previsões do Evangelho, do Apocalipse e das Cartas dos Apóstolos de Jesus estão sendo concretizadas **pelos seus causadores: nós, os seres humanos, quando** mal influenciados pelos habitantes do Umbral. Esses espíritos em atraso nos espreitam, ainda dispostos a serem pedra de tropeço no caminho dos que se querem elevar para Deus. **Mas isso só acontece quando a pessoa está predisposta a ceder às más intuições deles.** Quem se entregou a Deus navega sob a segura Proteção Celeste ou ancorou o próprio coração no afetuoso seio Dele. Não há conforto maior, porque não se deixa mais levar por sugestões equivocadas. Para isso existem o Evangelho e o Apocalipse, libertos do *"véu da letra, que mata"*, como escreveu Paulo, Apóstolo dos Gentios, na Segunda Epístola aos Coríntios, 3:6:

— *A letra mata; o Espírito é que vivifica.*

Porém, por mais difícil que seja o percurso terrestre, **sempre haverá luz ao término do túnel** que **nós nos fizemos obrigados a atravessar**. É preciso, com toda a clareza, expor que **somos os agentes da Profecia, e**

não apenas os seus pacientes ou vítimas. No entanto, **a Esperança não morre nunca.** É o que acabamos de discernir na confortadora leitura de *"O novo Céu e a nova Terra"*.

Além da eternidade

O Profeta Miqueias, 4:5, dá-nos vigoroso alento ao dizer:

— *(...) andaremos em nome do Senhor, nosso Deus, até à eternidade* ***e além dela.***

Isto é, a Proteção Divina segue os nossos passos infinitamente. Jesus disse aos fiéis e persistentes Nele:

— *Eu não vos deixarei órfãos* (Evangelho segundo João, 14:18).

Buscar e salvar o perdido

A Justiça Divina não admite a impunidade, mas igualmente não deseja a perdição de ninguém, volto a lhes pôr em relevo. São Lucas, no Evangelho de Jesus que também lhe coube narrar, 19:10, menciona a Palavra do Cristo quando o **Revelador Excelso do Apocalipse** fala a respeito da Sua própria missão:

— *O Filho de Deus* ***veio buscar e salvar o perdido.***

Aliás, repete-se aqui, na figura do Filho do Altíssimo, o que o Pai também afirma pela boca de Ezequiel, 34:11 e 12:

> *11 Porque assim diz o Senhor Deus: Eis que Eu mesmo procurarei as minhas ovelhas e as buscarei.*
> *12 Como o pastor busca o seu rebanho, no dia em que encontra ovelhas dispersas, assim buscarei as minhas ovelhas; livrá-las-ei de todos os lugares para onde foram espalhadas no dia de nuvens e de escuridão.*

E Jesus, no Novo Testamento, Evangelho consoante João, 10:15 e 16:

> *15 Assim como o Pai me conhece a mim, Eu conheço o Pai, e dou a minha vida pelas ovelhas.*
> *16 Ainda tenho outras ovelhas, não deste aprisco; a mim me convém conduzi-las; elas ouvirão a minha voz; então, haverá um só Rebanho para um só Pastor.*

Entregue-se a Deus

Quem se entregou a Deus navega sob a segura Proteção Celeste ou ancorou o próprio coração no afetuoso seio Dele.

Jesus, o Profeta Divino, a Fiel Testemunha, o Primogênito dos mortos — XV

A Prece

Agora, vamos orar.

Prece Ecumênica do Cristo de Deus (que pronunciei em 1990 durante as pregações de "O Apocalipse de Jesus para os Simples de Coração"), que se encontra no Seu Evangelho segundo Mateus, 6:9 a 13.

Oração do *Pai-Nosso*

Pai Nosso, que estais no Céu,

E em toda parte ao mesmo tempo. Consciência que paira no mais elevado dos meus ideais — de Entendimento, de Solidariedade, de Companheirismo, de

Amor —, no Céu da minha concepção mais grandiosa de Vida, **e realmente em toda parte ao mesmo tempo.**

santificado seja o Vosso Nome.
Venha a nós o Vosso Reino.

De Justiça e de Verdade, irmanadas à Bondade e ao Amor. Caso contrário, Justiça e Verdade vão funcionar cambaleantemente, se não houver, de forma simultânea, Amor e Bondade Divinos, não os dos homens, nem sempre inspirados pelo que de melhor nos vem do Pai Celestial.

Seja feita a Vossa Vontade, assim na Terra como no Céu.

Jamais a nossa vontade, porque ainda estamos aprendendo a vivê-la corretamente, conforme a Vossa Divina Sabedoria.

O pão nosso de cada dia dai-nos hoje.

O pão transubstancial, a comida que não perece, o alimento para o Espírito. O sustento para o corpo, havemos de consegui-lo com o nosso esforço próprio, sem nunca esquecer de auxiliar, de encaminhar a quem precisa, por rumos mais luminosos, o que representa uma das razões da existência das comunidades na Terra. Por pior que seja a conjuntura do mundo, não podemos perder a Esperança, temos de nos preparar para vencer toda e qualquer dificuldade. Globalização, crise? Ué! Tiremos o melhor ensinamento que elas proporcionem. É aquilo que eu disse ao veterano jornalista, nascido na Itália, **Paulo Parisi Rappoccio**, em 10 de outubro de 1981, quando ele me entrevistou:

Paulo Parisi

Vem aí o governo mundial?

Há alguns anos, meu caro Parisi, tomei conhecimento de um cuidadoso trabalho do cientista político **Richard J. Barnet**[*1] e do economista **Ronald E. Müller**[*2] (1974). Ambos os autores sustentam que

> — *a transformação estrutural da economia do mundo através da globalização das grandes empresas está minando o poder do Estado-nação para manter a estabilidade econômica e política dentro do seu território.*

[*1] **Richard J. Barnet** — 1929-2004
[*2] **Ronald E. Müller** — 1939-2010

Albert Einstein

Bertrand Russell

Ora, Albert Einstein (1879-1955) e **Bertrand Russell** (1872-1970), lembrados por Alziro Zarur, entre outros defenderam a criação de um governo mundial*3 para arbitrar os conflitos políticos internacionais. É possível que nas próximas décadas o tipo de relação econômica entre os países consista no primeiro passo rumo à formação dessa liderança de dimensão global. No entanto, que sejam respeitadas as melhores tradições e os justos interesses de cada povo. Um serviço voltado a estadistas que compreendam que — ou a Humanidade se integra ou se desintegrará. Portanto, que entendam o real sentido do Ecumenismo, que nasce do Céu e de lá nos traz o verdadeiro sentido da Fraternidade. Esse é um desafio para dirigentes que tenham **visão espiritual aguçada**, porque não somos apenas corpo, porém, antes de tudo, Espírito.

Previsão de dom Bosco

Vem-me à lembrança a previsão do

*3 Alziro Zarur cita o governo mundial em "Meu Brasil", na obra *Mensagem de Jesus para os Sobreviventes*.

ilustre educador italiano, o bondoso **dom Bosco** (1815-1888), que afirmou, no século 19:

> — *Um grandioso acontecimento se está preparando no céu para fazer pasmar as gentes. (...) Far-se-á uma grande reforma entre todas as nações, e o mundo irá misturar-se como um oceano.*

Dom Bosco

Entendo essa palavra do taumaturgo de Turim não como nova forma de subordinação internacional, mas como certa maneira de congraçamento, gerida pelo Alto, a fim de que haja sobreviventes neste orbe, que a cobiça desenfreada está destruindo. Esse sentimento fomentador da pior violência tem de ser expulso das negociações interpátrias, senão sobrará pouca gente para contar a história.

Ciência da coragem

Muitos pensam que ser humilde é subordinar-se mesmo ao que está errado. Não é nada disso. **A humildade é, acima**

Olavo Bilac

de tudo, corajosa. Jesus era compassivo, sendo o Supremo Governante da Terra. *"Um com o Pai"*, como Ele próprio revela no Evangelho consoante João, 10:30. Divinamente humilde, não deixou de ser destemido, a ponto de enfrentar todos os que O perseguiam, até que foi levado à crucificação. Exemplo de humildade verdadeira é a do Divino Crucificado — e de muitos outros valentes luminares. A intrepidez de expor o que tem de ser dito, de proferir as verdades que devem ser proclamadas. Isso é comportar-se humildemente perante Deus e, com todo o respeito, diante daqueles que precisam conhecer as realidades que impulsionam o mundo, **principalmente as espirituais**. Costumo ainda definir que **a humildade é a ciência da coragem**. E não me refiro aqui a qualquer tipo de bravura. Penso como **Olavo Bilac** (1865-1918), o príncipe dos poetas brasileiros, em seu discurso na sessão cívica do Diretório Regional da Liga da Defesa Nacional do Estado do Rio, realizado em Niterói/RJ, em 15 de dezembro de 1917:

— A coragem inconsciente não é heroísmo: é exploração de força impulsi-

va, e, às vezes, manifestação de animalidade grosseira. A verdadeira coragem é a que raciocina e governa-se, vê e prevê, induz e deduz, mede a extensão do risco, e, percebendo que ao longo da jornada talvez encontre surpresas e ciladas, aceita de antemão, com plena liberdade de arbítrio, a responsabilidade da jornada.

Por isso, **Solidariedade, Altruísmo, Fraternidade, Compaixão devem prioritariamente nascer na Alma daqueles que nos governam**. Sentimentos que necessitam antecipar-se às resoluções decididas nas mesas que regulam o destino regional e planetário da população terrestre. Isso virá um dia a acontecer, por bem ou por caminhos mais difíceis. Cabe aqui este pensamento do Gandhi:

— *Os únicos demônios neste mundo são aqueles que estão dentro dos nossos corações. É lá que nossas batalhas devem ser travadas.*

E um desses piores demônios a serem vencidos é a corrupção, assassina tantas vezes impune de multidões. Se insistirmos em trilhar o atalho maléfico, ***"poucos homens restarão"***, no dizer do notável Profeta Isaías, 24:6. Assim o será caso não tivermos, enfim, **aprendido a pensar e a agir ecumenicamente**. Plenos da consciência de que não existe outra moradia planetária que a nossa, a Terra, que ainda tanto maltratamos.

Meu colega Parisi concordou comigo. Afinal, cada vez

Lavoisier

que o vento das mudanças sacode a árvore, caem-lhe os frutos da época superada.

Nosso orbe não mais poderá ser comandado pelos portadores de ambição desmedida, sem ética, portanto sem limites. E, se espiritualmente não reagirmos, a culpa não será apenas deles, mas de nós mesmos em virtude de nossa omissão imprevidente*[4].

Mas, como orienta Emmanuel, das sementes esparzidas pelo solo nascem as plantas novas. O sábio francês **Lavoisier** (1743-1794) instruía que *"na Natureza nada se perde, nada se cria, tudo se transforma"*.

Dificilmente neste orbe uma transformação é tranquila, comentam por aí. Por enquanto, prossegue sendo assim. *"Ah, mas está difícil, as nações hegemônicas..."*

E daí? Nenhuma superpotência é permanentemente hegemônica. E, com o passar do tempo, vem-lhe a decadência ou fases de intensa provação que lhe altera a sorte... No pretérito, formavam tribos — às vezes de antropófagos.

*[4] Leia mais sobre o assunto no *Manifesto da Boa Vontade* (1991), disponível no *site* www.paivanetto.com ou no livro *É Urgente Reeducar!*, do mesmo autor desta obra.

Para derrotar as contrariedades, é básico que nos livremos da colonização de nossa mente, perpetrada pela ignorância espiritual. No dia em que este mundo alcançar tal amadurecimento, nós, "com as mãos amarradas às costas", suplantaremos as adversidades que surgirem.

Mas Jesus continua orando, e nós com Ele.

Perdoai as nossas ofensas assim como perdoarmos aos nossos ofensores.

E não nos deixeis cair em tentação, mas livrai-nos do mal, porque Vosso é o Reino, e o Poder e a Glória para sempre.

Amém!

Neste instante, cada um de nós vai elevar o seu pedido ao Espírito Clemente do Cristo. Quem não chora sua lágrima secreta? Um sofrimento que não pode revelar, sob o risco de construir enorme confusão, envolvendo quem sabe uma série de pessoas que ama. Mas que Você, minha irmã ou meu irmão, **não se angustie, porquanto a Deus devemos suplicar a resposta certa. E o Pai de todos nós lhe responderá no silêncio do coração**. E para aquele que ainda não acredita em nada, empenhe-se mais um pouco, apele à sua própria consciência no melhor que nela existir.

Hora do Pedido

Chegou o momento de fazermos a solicitação justa Àquele que nos pode generosamente favorecer, auxiliando-nos a suplantar a mais dolorosa questão. Cada um agora dirigirá ao Alto a sua súplica.

(Intervalo musical para a sintonia com a Humanidade de Cima, comandada por Deus, pelo Cristo e pelo Espírito Santo.)

Graças, Senhor!

Dá-nos aquela Paz que prometeste aos que vivem o Teu Novo Mandamento — ***"Amai-vos como Eu vos amei. Somente assim podereis ser reconhecidos como*** **(minhas discípulas e)** ***meus discípulos"*** (Jesus — João, 13:34 e 35). Nele está implícita e explícita a base de toda sociedade social, moral e espiritualmente solidária, firme, que vence, hoje ou amanhã, qualquer violência que teime em habitar os corações.

Falamos daquela Paz Magnífica, que o Amor do Mandamento Novo do Cristo Ecumênico e Sublime Estadista nos pode dar. Ele é capaz de oferecê-la e frutificá-la em nós. E assegurou que estaria conosco ***"todos os dias até ao fim do mundo"*** (Evangelho consoante Mateus, 28:20). **Que conforto para a nossa Alma!**

Encerro convidando todos a entoar comigo o cântico com o qual os Anjos da Milícia Celeste anunciaram aos humildes pastores do campo o nascimento do Cristo de Deus, que a cada dia ressurge em nossos corações. **Por isso, a Esperança não morre nunca!**

Nunca! Porque, em última análise, ela constitui a escalada que nos ergue até à CERTEZA, que é Jesus!

— *Glória a Deus nas Alturas, Paz na Terra aos Homens* (e às Mulheres, aos Jovens, às Crianças e aos Espíritos) *da Boa Vontade de Deus!* (Jesus — Lucas, 2:14).

Vocês querem vencer-se e vencer? Deixem **Jesus** coexistir em seus Espíritos e **Maria Santíssima** confortar-lhes maternalmente os corações nas horas rudes da jornada humana. Ninguém se encontra irremediavelmente perdido (ou perdida) neste mundo.

Quem confia em Jesus não perde o seu tempo, porque Ele é o Grande Amigo que não abandona amigo no meio do caminho!

Muito grato a todas e a todos pela atenção.

E **Viva Jesus**, o Cristo Ecumênico, o Político Celeste, o Profeta Divino, **a Fiel Testemunha, o Primogênito dos mortos e o Soberano dos reis da Terra, como O proclama o Apocalipse, o Livro das Profecias Finais.**

Vento das mudanças

Cada vez que o vento das mudanças sacode a árvore, caem-lhe os frutos da época superada.

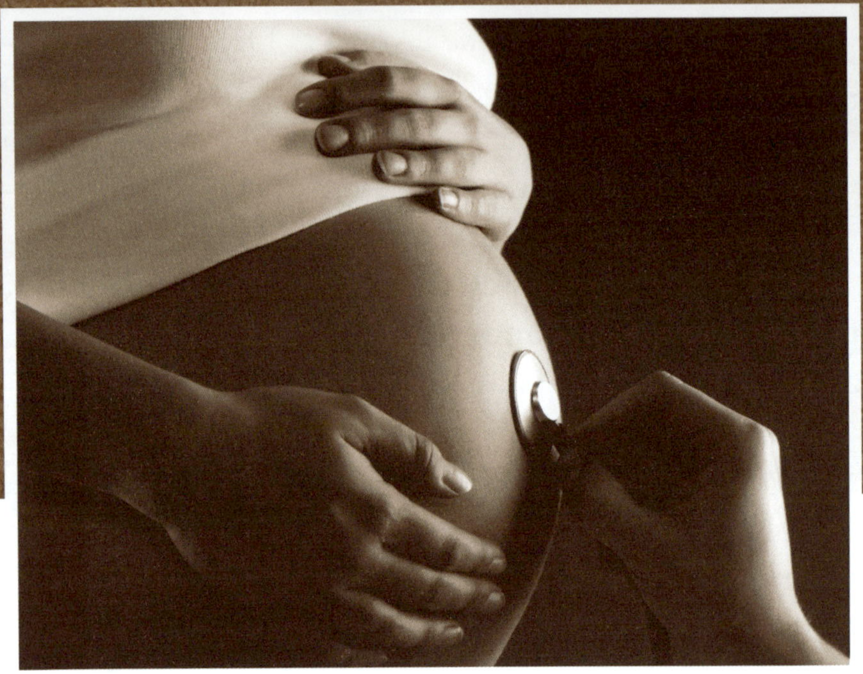

Campanha de Valorização da Vida

Pela Vida

Jesus, o Profeta Divino, veio à Terra para salvar as criaturas. Por isso, a nossa constante preocupação em defender a Vida.

Uma das profecias bíblicas — que tanto despertam a atenção dos que delas tomam conhecimento — refere-se ao vaticínio de Jesus, em Seu Sermão Profético. Ao valer-se do forte aviso de Daniel (11:31, 12:11), no Antigo Testamento, Ele anuncia derradeiros fatos do ciclo apocalíptico que se encerra:

> *15 Quando, pois, virdes* ***a abominação da desolação*** *de que falou o Profeta Daniel,* ***no lugar santo*** *(quem lê entenda — qui legit, intelligat),*
>
> *16 então, os que estiverem na Judeia fujam para os montes (...)* (Evangelho de Jesus segundo Mateus, 24:15 e 16).

Na análise que faço dessa passagem em *Somos todos Profetas*, pergunto: **que lugar mais santo no mundo**

pode existir além da intimidade das criaturas de Deus, o coração, o cérebro, a Alma das pessoas?

Deixo à reflexão principalmente daquelas que são mães e tiveram a oportunidade ímpar do emblemático contributo na geração da Vida: imaginem o **útero materno**!... Lugar **sagrado e santo**! Ele abriga a Vida, cuja existência preexiste à fecundação do óvulo pelo espermatozoide. Nossa existência começa no Mundo Espiritual! É algo simples de ser compreendido por elas, porquanto nada há de mais potente e perscrutador que o coração materno.

A famosa poetisa goiana **Cora Coralina** (1889-1985), doceira de profissão, só recebeu ensino primário e publicou seu primeiro livro aos 75 anos. Trouxe à luz quatro filhos e pôde belamente salientar:

> — *Tens o dom divino de ser mãe. Em ti está presente a Humanidade.*

E do Mundo Espiritual, o Irmão Flexa Dourada, pela psicofonia do sensitivo Legionário Chico Periotto, endereça a todas as mães esta belíssima mensagem:

> — *Cada criança que nasce na Humanidade é uma luz que se acende por Deus, por Jesus e pelo Espírito Santo. A mãe mostra a beleza que é o convívio da família com a criança no lar. O pequenino é a flor com que Jesus a presenteou.*

Defesa legal do feto

No Artigo 2º do Capítulo 1º (Da personalidade e da capacidade) do Título I (Das pessoas naturais) do Código Civil brasileiro, de 2002, encontramos:

> — *A personalidade civil da pessoa começa do nascimento com vida; mas a lei põe a salvo, desde a concepção, os direitos do nascituro.*

Aliás, uma das grandes bandeiras da Legião da Boa Vontade (LBV) e da Religião de Deus é lutar pelo direito constitucional do feto, garantindo-lhe a prerrogativa legal de nascer e viver.

Na década de 1980, proferi um discurso nestes termos:

Direitos das vítimas

(...) Quem desconhece os Deveres Espirituais não saberá respeitar os Direitos Humanos em sua inteireza, incluídos os das vítimas. Eles vão além dos patamares atingidos pelos seus mais atilados defensores, na maioria das vezes adstritos à análise dos fatos pelo critério unicamente material, o que não é suficiente. Cidadania, no seu significado lato, não se restringe ao corpo do cidadão, porquanto provém de seu Espírito Eterno. (...)

Verdadeiro sentido de preocupação social

O relatório oficial de um estudo do Senado norte-americano feito em 1981, do qual participaram os maiores especialistas no assunto, diz exatamente que

> — *médicos, biólogos e outros cientistas* ***concordam que a concepção marca o início da vida de um ser humano — um ser que está vivo e que é membro da nossa espécie****. Há uma esmagadora concordância sobre este ponto num sem-número de publicações de ciência médica e biológica*[*1]. (O destaque é nosso.)

Numa entrevista ao portal de notícias Zenit, em 3 de março de 2006, a professora doutora **Alice Teixeira Ferreira**, do Departamento de Biofísica da Universidade Federal de São Paulo/Escola Paulista de Medicina (Unifesp/EPM), comenta:

> — *Cientista que diz não saber quando se inicia a vida humana está mentindo. Qualquer texto de embriologia clínica (ou humana) afirma que se inicia na concepção. Em 1827, com o aumento da*

[*1] Conforme Report. Subcommittee on Separation of Powers to Senate Judiciary Committee 5-158. 97th Congress. 1st Session 1981, p. 7.

sensibilidade do microscópio, permitindo visualizar o óvulo e os espermatozoides, ***Karl Ernst von Baer*** *descreveu a fecundação e o desenvolvimento embrionário.* ***Os médicos europeus, frente tais evidências, passaram a defender o ser humano desde a concepção, contra o aborto.*** *(...) É um fato científico, e não um dogma da Igreja Católica ou de qualquer religião. Para não dizer que está ultrapassado,* ***os embriologistas, em 2005, afirmam não só que a origem do ser humano se dá na fecundação como, do ponto de vista molecular, a primeira divisão do zigoto define o nosso destino.*** (Os destaques são nossos.)

Estatísticas alteradas

(...) Eis o sinal de que uma cultura cruel se espalha no seio da sociedade. É um ato brutal contra a existência das mães e dos bebês.

E lamentavelmente números estatísticos ligados ao assunto muitas vezes são manipulados com o fim de conquistar o apoio de populações ao aborto, pretensamente para proteger a saúde feminina. Bem que há um número imenso de criaturas que resistem a essa pressão. Observamos isso num trabalho desenvolvido pela dra. **Maria D. Dolly Guimarães**, da Federação Paulista dos Movimentos em Defesa da Vida, datado de 22 de junho de 2007[*2]. Ela argumenta:

— Fala-se de "milhares" de mulheres que a cada ano morrem no Brasil por causa do aborto clandestino e consequentemente malfeito.

As estatísticas oficiais do Ministério da Saúde registram menos de duzentas mortes maternas por esta causa e nestes últimos anos o número tem constante e sensivelmente diminuído (de 344 em 1980 a 114 em 2002) sem que houvesse nenhuma mudança de legislação. Sem dúvida trata-se de um número subestimado, mas com certeza não é subestimado o número total, ou seja, por todas as causas, de mortes maternas a cada ano, visto que a morte por aborto é a terceira ou quarta causa. Portanto, as mortes por aborto podem ser calculadas ao redor de 500 ou menos a cada ano. Dado sem dúvida preocupante e que é nosso dever diminuir, mas não se trata de "milhares de mortes". (Interessante é que em nosso país morrem mais mulheres ao ano — cerca de 3.000 — por contato com plantas e/ou animais venenosos do que por aborto e até agora essa não é uma questão de saúde pública!) (...)

[*2] Trabalho da dra. Maria D. Dolly Guimarães — http://noticias.cancaonova.com/noticia.php?id=235421.

Outra afirmação que não corresponde à verdade, quando se discute sobre o aborto, é dizer que com a legalização diminuiria o número deles. Se isto está acontecendo em alguns países europeus (França, Alemanha, Holanda e Bélgica) é porque nestes países está diminuindo a natalidade como um todo e, portanto, também o número de abortos. Mas na grande maioria das nações que o legalizaram, o número destes continua aumentando ou se estabilizou em valores bem superiores aos que se registravam antes da legalização. Exemplo típico é dos EUA, onde ocorrem cerca de um milhão de abortos legais a cada ano, enquanto antes da legalização o número não passava de duzentos mil. (...)

Paulo Francis: o aborto é degradante

Em 27 de janeiro de 1991, o polêmico e querido jornalista **Paulo Francis** (1930-1997) reconsiderava seu parecer, em *O Estado de S. Paulo*:

— *A princípio, eu achava questão líquida em favor do aborto. Como muitas deduções tiradas de abstrações intelectuais, a experiência foi modificando essa posição. (...) O descaso com que engravidam e "despacham" fetos para o além, o que quer que seja o além, me causa um certo asco. Um milhão e meio de abortos por ano. É demais. (...) É degradante (...).*

Muito oportuna aqui a palavra de **Renato Godinho**, de Joinville/SC, postada no *site* Observatório da Imprensa, em 5/9/2005:

> — *Antes de legalizar a prática do aborto, para proteger a saúde da mulher, temos de pensar uma sociedade em que a mulher não tenha motivos para eliminar seu filho.*

Exato!

Corrupção e impunidade também matam

Não é liquidando existências que se resolverão os problemas sociais. Estes carecem de solução legítima que combata, por exemplo, a impunidade. Esta estabelece a corrupção pandêmica, que afeta ou impede a tomada e a sustentação de medidas efetivas quanto à saúde, ao estudo, à segurança, aos direitos inalienáveis do indivíduo e das multidões. **O aborto é um crime que fere com a morte vidas inocentes**. E igualmente a pena de morte não representa alternativa ao crime, pois, como já afirmei, ela só pega ladrão de galinha.

A vida por um instante

Renomado jurista brasileiro, o dr. **Ives Gandra Martins**, homem apaixonado pela Vida, ao ser questionado sobre o projeto de Lei nº 1.135/91, que chega ao desatino de propor a legalização do aborto até o nono mês de gravidez, convida-nos a uma profunda reflexão ao comentar

> — *o que vale dizer que seria crime um instante depois do parto e deixaria de sê-lo um instante antes do parto.*

Espiritualizar as nações

Voltaremos a este assunto. Espiritualizar as criaturas é urgente.

Defesa da Vida

Jesus, o Profeta Divino, veio à Terra para salvar as criaturas. Por isso, a nossa constante preocupação em defender a Vida.

As nações caminham na direção do Espírito *é o título de um dos próximos lançamentos do autor de* Jesus, o Profeta Divino.

A obra reúne algumas de suas entrevistas à imprensa no decorrer dos anos. Especialmente para esse volume, as que ele concedeu ao veterano jornalista italiano radicado no Brasil Paulo Parisi Rappoccio, da Gazeta de Notícias, *do Rio de Janeiro/RJ,*

As nações caminham na direção do Espírito

em 10 de outubro de 1981; à jornalista Ana Serra, de Lisboa, Portugal, em 19 de setembro de 2008, sobre o livro dele Reflexões da Alma *em terras portuguesas; e ao escritor e produtor de TV Alcione Giacomitti, no início de 2000.*

Para dar ao leitor uma prévia dos assuntos que serão abordados, a seguir alguns extratos de mais essa contribuição de Boa Vontade de Paiva Netto.

Os editores

Entrevista a Paulo Parisi

— I —

Aristóteles

In medio virtus, ensina a sabedoria dos antigos, vibrante em **Aristóteles** (384-322 a.C.). Por isso, há décadas, venho afirmando que precisamos unir à inteligência do cérebro a do coração. Costumo valer-me deste exemplo, meu caro Parisi: quando em boa hora surgiu o Iluminismo, depois da Idade Média, já dentro da Era Moderna, muitas pessoas viram no racionalismo a chave efetiva, enquanto acusavam as religiões pela aflição permanente das criaturas. É óbvio que a Razão realiza importantíssimo serviço pelo crescimento dos povos, mas não bastou para emancipá-los de seus tormentos. Trouxe incontáveis inovações. Todavia, somou-se àquilo que os iluministas qualificam de erros religiosos uma carrada de novos enganos. Adicionaram-se aos anteriores os equívocos advindos do uso desmedido do racional. Novamente, a Humanidade colocou-se na busca do equilíbrio, um caminho para a solução de suas angústias.

— II —

Concluir que existem religiões que salvam e outras que levam à perdição equivale a interpretar o Poder de Deus, que é Amor, como um joguete de acidentes, entre eles, os geográficos, visto que há aqueles que apenas conhecem os ditames religiosos vigentes na região de seu próprio nascimento.

Mas é importante esclarecer que o Ecumenismo que vimos definindo e desenvolvendo nessas décadas transcende em muito o aspecto religioso. Chamo-o de Ecumenismo Irrestrito e Total, inspirado no saudoso Alziro Zarur, porque estamos realizando a união de todas as criaturas humanas e espirituais, numa poderosa força a serviço dos povos. O Homem da Verdade, pela Verdade de Deus, é despertado onde estiver, inclusive no Mundo Espiritual.

— III —

É possível até que num futuro breve os Departamentos **de Pessoal** venham a se chamar Departamentos **de Pessoal e seus Assuntos Espirituais**. A cada dia mais se percebe que por trás de um crachá existe um Ser Espiritual e Humano, o qual tem suas aspirações e carências, que só pode produzir corretamente se estiver em harmonia consigo mesmo (ou consigo mesma), com a própria consciência e com as leis imutáveis do Universo. Para criar produtos e serviços de qualidade, as empresas serão naturalmente impelidas a implementar programas de desenvolvimento interior da pessoa humana. Esse, por sinal, é o grande segredo do crescimento da LBV.

Um dos traços de comportamento do líder e do administrador integrados na Espiritualidade é o de rejeitar a burocracia (excessiva) e os ditames do formalismo. Não sou lá muito amigo de gabinetes. Prefiro andar pelos setores da Instituição e, com os seus funcionários e voluntários, resolver os desafios do dia a dia. Já tomei assim decisões importantíssimas.

Para a estabilidade, desenvolvimento humano, espiritualmente mantido, de uma grande organização é decisivo que todos os seus componentes, de alto a baixo, aprendam e vivam uma imprescindível ciência, **a ciência do diálogo**.

Achilles de Andrade de Souza (1913-1991) — Desenhista técnico e funcionário público. Legionário da Boa Vontade, tendo exercido o cargo de Assistente-geral da LBV.

— IV —

Enquanto o ser humano vive sob o espesso véu da ignorância espiritual, a matéria pode encarnar o papel de vilã e nos falar de guerra, destruição, perversão, corrupção, doença... Nada mais contemporâneo, basta que se vejam as manchetes de jornal. Contudo, à medida que as criaturas se aproximarem do seu Criador pelo exercício da Fraternidade entre elas, porque *"Deus é Amor"* (Primeira Epístola de João, 4:8), e isto é Religião no sentido mais exalçado, as mentes tornar-se-ão mais aptas a entender a natureza espiritual da própria matéria, elevando-a conscientemente à condição de instrumento evolutivo do Espírito, para que ela então nos fale de Vida, Amor, Criação, Fraternidade, Espiritualidade, primacialmente Ecumênica.

Quem vive procurando satisfações materiais apenas, quem fica pulando de galho em galho, feito macaco, acaba levando chumbo (como repete o meu velho Irmão **Achilles de Andrade de Souza**). Isto é, tal pessoa nunca se sentirá feliz em sua inteireza; sempre lhe faltará alguma coisa: **aquilo que lhe suplica o Espírito Eterno.** (...) Enquanto o Espírito for menoscabado, a violência crescerá. (...) É preciso aliar à Instrução a Educação e mais: a Reeducação que visa, antes de tudo, ao Espírito, como esclarecia o Irmão Alziro Zarur (1914-1979).

– V –

Ao mesmo tempo que anuncia o fim de **um** mundo, o Apocalipse proclama o princípio de **um** tempo novo[*1]. Trata-se da transformação dramática que já vem ocorrendo no planeta Terra, mas que muitos intérpretes vinham há séculos (e alguns ainda vêm) considerando erroneamente o fim de tudo. Quando afirmo que não devemos ter medo do Apocalipse, **não estou dizendo que aquilo que a Humanidade semeou não terá seus resultados**. Veja-se o exemplo da Natureza. Pela Lei de Causa e Efeito, aí estão as reações da destruição que a Humanidade lhe veio promovendo. Temos livre-arbítrio garantido por Deus. E alguém já afirmou que **se a semeadura é livre a colheita, obri-**

Nota de Paiva Netto

[*1] Um assunto que quero voltar a esclarecer: Alziro Zarur nunca disse em suas pregações que o mundo iria acabar. Falava, sim, em um **fim** de mundo e no início de uma era nova, em que haverá *"um só Rebanho para um só Pastor"*, como anunciou Jesus (Evangelho segundo João, 10:16).

gatória. O Apocalipse é a carta de Amor Fraterno de um Divino Amigo a nos avisar, com antecedência de dois milênios, dos resultados do plantio que fazemos. Jamais dissemos que as previsões contidas no último livro da Bíblia Sagrada são histórias da carochinha. O que defendemos é que **o medo nunca é bom professor de sobrevivência**. Não temamos o Apocalipse. Sejamos, sim, prudentes quanto ao que a Humanidade está realizando na Terra.

— VI —

É preciso, pois, alertar a Humanidade. **Administrar o próprio lar, entidades, empresas e nações é chegar antes.** Isto é, com decisão e postura eficaz, procurar antecipar-se aos acontecimentos, evitando dificuldades ou mesmo estabelecendo correção de rumos ante os riscos que se anunciam independentemente de tempo ou lugar.

Nunca como agora se fez tão indispensável unir os esforços de ecologistas e seus detratores, assim como trabalhadores, empresários, economistas, o pessoal da imprensa (escrita, falada e televisionada, e, agora, eu incluo a internet), sindicalistas, políticos, militares, advogados, cientistas, religiosos, céticos, ateus, filósofos, sociólogos, antropólogos, artistas, esportistas, professores, médicos, estudantes ou não (bem que gostaríamos que todos se encontrassem nos bancos escolares), donas de casa, chefes de família, barbeiros, manicures, taxistas, varredores de rua e demais segmentos da sociedade, na luta contra a fome e pela conservação da Vida no planeta. O assunto tornou-se dramático, e suas perspectivas, trágicas. Pelos mesmos motivos, urge o fortalecimento de um ecumenismo **que supere barreiras, aplaque ódios, promova a troca de experiências que instiguem a criatividade global**, corroborando o valor da cooperação sócio-humanitária **das parcerias**, como, por exemplo, nas **cooperativas populares em que as mulheres tenham forte desempenho**, destacado o fato de que são frontalmente contra o desperdício. Há realmente muito que aprender uns com os outros. O roteiro diverso comprovadamente é o da violência, da brutalidade, das guerras, que invadem lares por todo o orbe. Alziro Zarur enfatizava que as batalhas pelo Bem exigem denodo. **Simone de Beauvoir** (1908-1986), escritora, filósofa e feminista francesa, acertou ao destacar:

Simone de Beauvoir

— *Todo êxito encobre uma abdicação**.

Nosso tempo requer, sem delongas, que se desenvolva uma real consciência dos problemas sociais **que precisam de solução para ontem**. Jamais é ou foi suficiente levantar o vidro do carro. A necessidade de reformas bate às portas. Façamo-las antes que processos traumáticos da sociedade cobrem atitude. E aí, além dos anéis, ir-se-ão os dedos. Não faltam exemplos na História.

— VII —

É hora também de acabar com essa história de se dizer, por exemplo, que ainda não estamos preparados para vencer os nossos desafios sem a intervenção, sob mil facetas, de outras nações, sejam elas quais forem. Ora, quando a gente quer realizar alguma coisa, realiza. Não acreditem nesse negócio de que é difícil. As coisas só são difíceis para as pessoas difíceis. As pessoas simples, essas realizam coisas extraordinárias.

Outra calúnia que circula por aí, digna de países que gostam de ser colonizados, é a de que o povo brasileiro é malandro. Ué, que malandro é esse que passa fome? Malandros são aqueles que o exploram. Na verdade, a maior riqueza de qualquer país está no coração de sua gente.

* Traduzido a partir da obra original em francês.

Aqui, parênteses para um pequeno comentário: um ponto que devemos considerar é que nenhum país, que queira avançar, pode depender eternamente da exportação de matéria-prima. Necessário é também o estabelecimento de um poderoso mercado interno.

"Ah, mas o Brasil está em crise", insistirão os derrotistas crônicos. Crises?! Sempre as tivemos. É justamente nesses momentos que se forjam os grandes caracteres e surgem as mais poderosas nações, repito sempre. Quando estamos com Deus, os tempos adversários transfiguram-se em época favorável para criação. Dificuldade promove criatividade. Cabeça!

— VIII —

É justo considerarmos, tudo, com Boa Vontade, mesmo, tem saída. De fato os problemas nacionais e mundiais são imensos, mas por que sair por aí estigmatizando-os como situação irremediável? Fatal realmente, e no mais esperançoso sentido, só a Vida Eterna. Este é um planeta de possibilidades para todos, inclusive no campo econômico; uns alcançam mais, outros menos. Até quando será assim? Depende de nós!

Ouçamos a defesa de **Rui Barbosa** (1849-1923), diplomata, político e jurista brasileiro notável, que afirmou:

Rui Barbosa

— *Não se evita a guerra preparando a guerra. Não se obtém a paz senão preparando a paz.* Si vis pacem, para pacem.

Essa avançada máxima consta da Conferência "Os Conceitos Modernos de Direito Internacional", conhecida como "O dever dos neutros", que pronunciou, em 14 de julho de 1916, na Faculdade de Direito de Buenos Aires, Argentina.

Quem quer que se pense libertar das manipulações do avidíssimo mercado bélico deve conceber o espírito que inspirou o corajoso Águia de Haia, quando disse: *"Se queres a Paz, prepara-te para a Paz"*. É evidente que é necessária a derrubada da antiga bastilha: *"Si vis pacem, para bellum" (Se queres a paz, prepara-te para a guerra),* erguida desde os tempos cruéis do Império Romano. Ave, Rui!

Entrevista a Ana Serra

— IX —

Dr. Oswaldo Cruz

No *Correio Braziliense,* de 10 de Fevereiro de 1987, recordei máxima do grande cientista, médico, bacteriologista, epidemiologista e sanitarista brasileiro dr. **Oswaldo Cruz** (1872-1917), que Zarur muito citava e nos serve de permanente incentivo também na área do ensino:

— *Não esmorecer para não desmerecer.*

Eis aí. Simplesmente se trata da educação de superior qualidade, não apenas no campo do intelecto como também naquilo que somos em substância: **Espírito**. Alguém pode redarguir que a Ciência não provou ainda a realidade da Vida após a morte. No entanto, devemos cogitar sobre o facto de que a gloriosa Ciência, sem a qual não mais conseguiríamos subsistir, é, em termos modernos, muito novinha neste orbe para que alguns dos seus esforçados defensores a entronizem como detentora de toda a Verdade. Ora, seria puro dogmatismo! Portanto, tudo, menos Ciência. Muito resta a ser investigado. *Sir* Isaac Newton (1643-1727), que não precisa de apresentação, ponderava:

— *O que sabemos é uma gota, o que ignoramos é um oceano.*

Diante da admoestação do sábio enunciador da Lei da Gravidade, que foi um corajoso decifrador do Apocalipse[*2], sou levado a reflectir quanto à Vida Espiritual, ainda mais tendo em vista o que aquele inglês notável humildemente concluiu:

— *A mim mesmo pareço ser apenas um menino que brinca à beira da praia, ora a achar uma pedra mais polida ou uma concha mais formosa, enquanto o grande oceano da Verdade se estende, ignoto, diante de mim.*

*2 *Sir* Isaac Newton (1643-1727) é autor da obra *As Profecias do Apocalipse e o Livro de Daniel.*

A Ciência não é um dogma. Razão pela qual o dever de pensar e o comportamento científico imparcial perante a Verdade são atributos do autêntico cientista.

—X—

Não somos suseranos nem censores da Humanidade, mas humildes servos do Divino Educador. Porém, o planeta vem dando muitos sinais de que não mais tolera ofensas à sua frágil camada protectora de ozónio. Basta anotar a incidência crescente do cancro de pele. Vejam igualmente os múltiplos reflexos das súbitas mudanças climáticas que já abordamos. Mesmo que seja a repetição de um ciclo natural da Terra, é inegável que temos colaborado muito para o apressamento desse drama que a todos vem a atingir. É a implacável regra física de acção e reacção, a terceira lei de Newton.

Na minha página "**Gandhi**: o capital em si não é mau", apresento esta irreprochável advertência de **Benjamin Franklin** (1706-1790):

— *Só sabemos o valor da água quando o poço seca.*

Touché! Vero, mas lamentável.

Benjamin Franklin

— XI —

Creio de facto que, quando a Boa Vontade dos homens se une à Boa Vontade de Deus, nada mais é impossível de ser concretizado, humana, social, moral e espiritualmente, incluído um novo tipo de capitalismo (ou outro nome que lhe queiram dar), em que a ganância desenfreada (não me refiro aqui ao ganho justo) não seja a gestora das suas realizações, mas, sim, a Solidariedade, o Altruísmo, como reiterei na entrevista que concedi ao jornal *Folha de S.Paulo*, da capital do progressista Estado bandeirante, no Brasil, em Fevereiro de 1982. Os factos que vêm a ocorrer no sector bancário (a partir dos EUA), a exemplo do Drexler Burnham Lambert, do Merrill Lynch, e o clímax de hoje (estávamos em 2008) com a grave situação do Lehman Brothers, possivelmente representam o forte alertamento de que a hora de uma profunda transformação tenha chegado.

Em geral, essa mudança de estágio não se dá como deveria — a História fartamente o demonstra. Porém, alguma coisa muda de forma constante: o equilíbrio de poder, seja lá qual for, é sempre afectado.

Bem a propósito, encontrei um comentário que fiz, há quase 20 anos, a respeito dessa metamorfose singular no planeta, que mostra contundentes sinais no instante que vivenciamos. Dentro da série que preparei para o rádio, "Apocalipse e Profecias", na cidade do Rio de Janeiro, em 9 de Setembro de 1989 — sábado, ao discorrer sobre a expectativa mundial quanto à unificação do bloco europeu, destaquei:

Estamos a caminhar para o encerramento de um milénio, de século e de um ciclo apocalíptico. Essa convergência de factos é o processo que Deus usa para nos chamar a atenção, porque vivemos uma época de mudanças profundas, e as coisas não vão ficar como são actualmente. As pilastras da sociedade da rapina e do ódio serão sacudidas. E tudo aquilo que é podre vai desabar, como está a cair. Vivemos época de caos. Depois, a reconstrução. Após a tempestade, a bonança.

Nações poderosas terão de aceitar os mais variados acordos, mesmo fora das mesas de discussão da Paz. Estados potentes hoje, mas amanhã? Civilizações dominantes foram o Império Romano, a Assíria, a Pérsia, os caldeus, por exemplo. Quando os assírios vinham com as suas tropas, os povos tremiam. Uma *blitzkrieg* daquele tempo. Onde se encontram? Bom, estão reencarnados em outros grupamentos por aí aqueles espíritos guerreiros, muitos montando outros conflitos bélicos.

Tudo será realinhado: o poder económico, o poder religioso, o poder político no cenário das nações. Países chegaram a avançados estágios de desenvolvimento material. E naturalmente, por não saberem conduzir esse progresso, que não foi acompanhado pelo avanço moral e espiritual devido, sofrem consequência dos excessos (...). Por isso é que vem aí o grande vómito das nações.

E esse realinhamento geopolítico-económico, porque tudo será reformulado, vai eclipsar o poder de superpotências. Cada uma tem o seu tempo no Tempo...

Adendo único

Economia: a mais espiritual das ciências

De minha obra *Cidadania do Espírito*, registro:

Mahatma Gandhi (1869-1948), numa frase lapidar, retratou a realidade:

> — *O capital em si não é mau; o uso incorreto dele é que é ruim.*

E para bem entendermos o conceito do sábio ativista indiano, que há pouco transcrevemos, necessário se faz que compreendamos, para surpresa de alguns, que **a Economia é essencialmente espiritual**, posto que, de fato, **é no Outro Lado da Vida que se encontra a**

sua verdadeira origem, conforme defendi na entrevista publicada pela *Folha de S.Paulo*, no Segundo Caderno, em 7 de novembro de 1982, na seção Exterior, quando tratávamos de nossa presença na ONU. Na ocasião, fui assim arguido:

P — *Mas como será possível alcançar a Paz mundial diante do trágico impasse econômico em que se encontram os povos das nações?*

R — A própria LBV é o exemplo da solução verdadeira, que demanda muito coração, muita pertinácia, muita fé consubstanciada no conhecimento da Lei Universal da Reencarnação. Para sustentá-la, foi preciso dentro dela surgir uma economia que não gerasse nem sofresse os efeitos catastróficos da inflação mundial — **a Economia da Solidariedade Espiritual e Humana.**

Sabe por que existe inflação (estávamos em 1982)? **Porque o ser humano ainda não descobriu a Solidariedade Espiritual na Economia**; cada um se transformou no lobo do outro; cada grupo unicamente defende os seus próprios interesses, nem sempre honestos. Escondem o jogo sob uma mecânica falsa em cima de números, como se praticamente os homens não existissem. É o formalismo frígido, mesmo que inconsciente. Ora, em primeiro lugar está o ser humano, depois os números. É o Cristo Quem ensina:

(*Adendo único*)

— *O sábado foi estabelecido por causa do homem, e não o homem por causa do sábado* (Evangelho consoante Marcos, 2:27).

Religião é primordialmente Solidariedade Espiritual, Moral e Humana. É sobretudo amizade.

A Economia tem de ser vista e vivida sob o aspecto transcendental da Solidariedade, que garanta a todos o acesso aos bens de produção: a Economia é a mais religiosa, no sentido mais amplo, das ciências (ou arte). E aqui estou falando de RELIGIÃO com todas as letras maiúsculas, e não dos casos patológicos catalogados como se fora religião no passar da História. Já ressaltei que a falência religiosa gerou o ateísmo. Ela é algo supinamente elevado, que nada tem a ver com os conflitos produzidos pelos homens. **Deus é o maior Economista do planeta Terra, visto que possui todos os talentos para semear entre os seres humanos e suas Almas Eternas, em consonância com o merecimento pessoal. É Jesus Quem afirma:**

— *A cada um será dado de acordo com as suas próprias obras* (Apocalipse, 22:12).

A Solidariedade é a força executiva da Fraternidade. E isto faz parte da Estratégia da Sobrevivência, que há vários anos defendo.

Entrevista a Alcione Giacomitti

— XII —

Atualmente, não só os chamados homens místicos anunciam profunda metamorfose planetária, que já vem ocorrendo de forma impiedosa. Apesar do interesse de determinados grupos em manter a população eternamente desinformada, parte notável dos cientistas que estudam o clima persiste em furar bloqueios e alertar os povos quanto ao perigo do aquecimento (ou próximo esfriamento) da Terra, em consequência do efeito estufa. No seu livro *O calor vem aí — A batalha contra a ameaça do clima*, o jornalista Ross Gelbspan traz-nos preocupantes esclarecimentos:

> — *(...) há quem não queira que o público conheça a urgência e as dimensões da ameaça do clima e tenha vindo a promover uma persistente campanha de negação e de ocultação que, lamentavelmente, tem produzido efeito. (...)*

Para levar a cabo a sua campanha de mistificação, os especialistas de relações públicas da indústria (carvão e petróleo) fizeram largo uso de um pequeno grupo de cientistas cujos pontos de vista contrariam o consenso dos especialistas mundiais. (...)

E o que é mais importante é que a campanha exerceu um efeito narcótico no público americano. Mergulhou as pessoas numa apatia profunda face à crise, persuadindo-as de que a questão das alterações do clima está totalmente mergulhada na incerteza científica. O que não é verdade. (...)

Os Tempos realmente chegaram. Mais que isso, estão em pleno andamento. Ross Gelbspan declara ainda, sem meios-termos:

— (...) A lista dos efeitos previstos (pelos cientistas) é familiar — é idêntica ao apocalipse bíblico.

Como a distração é quase geral, o jornalista chama a atenção para isso, alertando para o "efeito narcótico" sobre o povo. Ele, sabendo ou não, vai ao encontro desta afirmativa de Jesus, no Evangelho segundo Lucas, 17:26 a 30, a respeito do comportamento da maioria, quando os Tempos anunciados dessem os seus sinais inequívocos:

26 Assim como foi nos dias de Noé, também será nos dias do Filho de Deus:

27 Comiam, bebiam, casavam e davam-se em casamento, até ao dia em que Noé entrou na arca, e veio o dilúvio e destruiu a todos.
28 O mesmo aconteceu nos dias de Ló: Comiam, bebiam, compravam, vendiam, plantavam e edificavam;
29 mas no dia em que Ló saiu de Sodoma, choveu do céu fogo e enxofre, e destruiu a todos.
30 Assim será no dia em que o Filho de Deus se manifestar.

— XIII —

As alterações previstas, sob todos os aspectos, poderão ocorrer abrupta ou gradualmente, em vários dos seus períodos de transformação. E vejam que as previsões sobre esses acontecimentos são fartamente anunciadas, por fontes as mais diversas. Emmanuel, no seu livro *Há 2.000 mil anos...*, descreve um resumo feito pelo próprio Cristo a respeito das graves consequências do mau uso dos recursos da Natureza, no qual adverte:

— *Exausto de receber os fluidos venenosos da ignomínia e da iniquidade de seus habitantes, o próprio planeta protestará contra a impenitência dos homens, rasgando as entranhas em dolorosos cataclismos. (...)*

João Paulo II

— XIV —

A morte não é o fim. É o que confirma o Papa João Paulo II no seu livro *Cruzando o Limiar da Esperança*:

> — *Por obra do Redentor, a morte deixa de ser um mal definitivo, fica submetida ao poder da vida.*

Uma coisa, entretanto, precisa ser aqui ressaltada: o reconhecimento da continuidade da Vida não pode ser jamais tomado como justificativa para o suicídio, pois este, conforme alertava Zarur, *"não resolve as angústias de ninguém"*. Há ainda o seguinte: onde o Amor não for suficiente, a Mestra Dor sempre saberá agir, para despertar o homem infrene para a realidade espiritual, que, por fim, define a sua existência. Não nos iludamos: as Profecias de Deus são para valer. O Profeta Ezequiel, no Antigo Testamento, e o Cristo, no Evangelho, deixam isso bem claro:

> — *Assim diz o Senhor Deus: não será mais adiada nenhuma das minhas palavras; e a palavra que falei se cumprirá, diz o Senhor Deus* (Ezequiel, 12:28).
> — *Passará o céu, passará a terra, mas as minhas palavras não passarão* (Evangelho do Cristo Ecumênico, o Divino Estadista, segundo Lucas, 21:33).

E disse mais o Sublime Educador, no Evangelho e no Apocalipse, que quando Ele retornar dará a cada um de acordo com as obras de cada um (Mateus, 16:27, e Apocalipse, 20:13).

Diante de tudo isso, a Esperança de um futuro melhor é chama que não se apaga no coração perseverante no Bem. O Profeta Isaías, 66:18 e 22, ao transmitir-nos a Palavra de Deus, expressa essa Divina Certeza:

> *18 Porque conheço as suas obras e os seus pensamentos. O tempo vem em que ajuntarei todas as nações e línguas; e virão, e verão a minha glória.*
> *22 Porque, como os céus novos e a terra nova,* ***que hei de fazer****, estarão diante da minha face, diz o Senhor,* ***assim há de estar a vossa posteridade e o vosso nome.***

Pai-Nosso e Bem-aventuranças

Pai-Nosso

A ORAÇÃO ECUMÊNICA DE JESUS* QUE SE ENCONTRA NO SEU EVANGELHO SEGUNDO MATEUS, 6:9 a 13.

Pai Nosso, que estais no Céu
(e em toda parte ao mesmo tempo),
santificado seja o Vosso Nome.
Venha a nós o Vosso Reino (de Justiça e de Verdade).
Seja feita a Vossa Vontade (jamais a nossa vontade)
assim na Terra como no Céu.
O pão nosso de cada dia dai-nos hoje
(o pão transubstancial, a comida que não perece,
o alimento para o Espírito; porque o pão para o corpo,
iremos consegui-lo com o suor do nosso rosto).

Nota do autor

* Todos podem rezar o *Pai-Nosso*. Ele não se encontra adstrito a crença alguma, por ser uma oração universal, consoante o abrangente Espírito de Caridade do Cristo Ecumênico, o Divino Estadista. Qualquer pessoa, até mesmo ateia (por que não?!), pode proferir suas palavras sem sentir-se constrangida. É o filho que se dirige ao Pai, ou é o ser humano a dialogar com a sua elevada condição de criatura vivente. Trata-se da Prece Ecumênica por excelência.

Perdoai as nossas ofensas,
assim como nós perdoarmos aos nossos ofensores.
Não nos deixeis cair em tentação,
mas livrai-nos do mal,
porque Vosso é o Reino,
e o Poder, e a Glória para sempre.
Amém!

Bem-aventuranças de Jesus no Evangelho e no Apocalipse

EVANGELHO DO CRISTO SEGUNDO MATEUS, 5:1 A 12, DA MAGNÍFICA FORMA COM QUE ALZIRO ZARUR A PROFERIA.

"Jesus, vendo a multidão, subiu ao monte.
Sentando-se, aproximaram-se Dele os Seus discípulos,
e Jesus ensinava, dizendo":

Bem-aventurados os humildes,
porque deles é o Reino do Céu.
Bem-aventurados os que choram,
porque eles serão consolados pelo próprio Deus.
Bem-aventurados os pacientes,
porque eles herdarão a Terra.
Bem-aventurados os que têm fome e sede de Justiça,
porque eles terão o amparo da Justiça Divina.
Bem-aventurados os misericordiosos,

porque eles alcançarão misericórdia.
Bem-aventurados os limpos de coração,
porque eles verão Deus face a face.
Bem-aventurados os pacificadores,
porque eles serão chamados filhos de Deus.
Bem-aventurados os que são perseguidos por causa da Verdade,
porque deles é o Reino do Céu.
Bem-aventurados sois vós, quando vos perseguem,
quando vos injuriam e, mentindo,
fazem todo o mal contra vós por minha causa.
Exultai e alegrai-vos,
porque é grande o vosso galardão no Céu.
Porque assim foram perseguidos os Profetas
que vieram antes de vós.

As Sete Bem-aventuranças do Apocalipse[*1]

Não somente o Evangelho de Jesus registra Bem-aventuranças, como as do Sermão da Montanha. Os estudiosos do Apocalipse também as encontram em suas páginas iniciáticas e decifráveis aos que têm olhos de ver e ouvidos de ouvir[*2].

Primeira

— Bem-aventurados aqueles que leem e aqueles que ouvem as palavras da profecia deste Livro e guardam as coisas nele escritas, pois o Tempo está próximo (1:3).

Segunda

— Então ouvi uma voz do céu, que me dizia: Escreve: Bem--aventurados os mortos que desde agora morrem no Senhor.

[*1] **As Sete Bem-aventuranças do Apocalipse** — A íntegra do documento de Paiva Netto sobre este tema pode ser lida em seu livro *As Profecias sem Mistério*, um dos volumes da série "O Apocalipse de Jesus para os Simples de Coração", que, com as obras *Somos todos Profetas* e *Apocalipse sem Medo*, já vendeu mais de 1,6 milhão de exemplares. Adquira pelo *site* www.elevacao.com.br.

[*2] Esta frase se encontra no *Corão Sagrado*, Surata 32 (As Sajda): 12.

Doravante, diz o Espírito, que descansem das suas fadigas, pois as suas obras os acompanham (14:13).

Terceira

— Eis que venho como vem o ladrão. Bem-aventurado aquele que vigia e guarda as suas vestiduras, para não andar nu, e não se veja a sua vergonha (16:15).

Quarta

— Então me falou o Anjo: Escreve: Bem-aventurados aqueles que são chamados à ceia das bodas do Cordeiro. E acrescentou: São estas as verdadeiras palavras de Deus (19:9).

Quinta

— Bem-aventurados e santos aqueles que têm parte na primeira ressurreição. Sobre esses a segunda morte não tem autoridade, pelo contrário, serão sacerdotes de Deus e de Cristo Jesus, e reinarão com Ele os mil anos (20:6).

Sexta

— Eis que venho sem demora. Bem-aventurado aquele que guarda as palavras da profecia deste Livro (22:7).

Sétima

— Bem-aventurados aqueles que lavam as suas vestiduras no sangue do Cordeiro, para que lhes assista o direito à Árvore da Vida Eterna, e entrem na cidade pelas portas (22:14).

Bibliografia

A Bíblia de Jerusalém. São Paulo: Paulus, 1995.

A Bíblia Sagrada. Tradução Padre Antônio Pereira de Figueiredo. Rio de Janeiro: Edição Barsa, 1964.

A Bíblia Sagrada. Tradução Centro Bíblico Católico. 60 ed. São Paulo: Ave Maria, 1988. Tradução dos originais mediante a versão dos Monges de Maredsous (Bélgica).

A Bíblia Sagrada: Antigo e Novo Testamento. Tradução para o português de João Ferreira de Almeida. Brasília: Sociedade Bíblica do Brasil, 1969.

A Bíblia Sagrada: Novo Testamento. Tradução Padre Matos Soares. Porto: Grandes Oficinas Gráficas da Sociedade de Papelaria, 1954. v. 4.

Alcorão Sagrado. 1. ed. Tradução Samir El-Hayek. São Paulo: Tangará, 1975.

ARISTÓTELES. **Ética a Nicômaco**. Brasília: Editora UnB, 2001.

ARMOND, Edgard. **Os Exilados da Capela.** 311ª edição. São Paulo: Editora Aliança, 1999.

BEAUVOIR, Simone de. **Mémoires d'une jeune fille rangée.** Paris: Gallimard, 1958.

Biblioteca Octavio Tarquínio de Sousa/ Lucia Miguel Pereira. URL: http://www.octavioelucia.com.br, último acesso em 18/8/2011.

BILAC, Olavo. **Últimas conferências e discursos.** Rio de Janeiro: Livraria Francisco Alves, 1924.

CAMÕES, Luís Vaz de. **Os Lusíadas.** 4. ed. Lisboa: Ministério dos Negócios Estrangeiros. Instituto Camões, 2000.

CASTRO, Padre Flávio Cavalca de. **O Apocalipse Hoje.** Aparecida: Santuário, 1982.

CHAVES, José Reis. **A reencarnação na Bíblia e na ciência.** 7. ed. rev. São Paulo: EBM Editora, 2006.

CHURCHILL, Winston. **Grandes homens do meu tempo.** Rio de Janeiro: Nova Fronteira, 2004.

____________. **Memórias da Segunda Guerra Mundial.** Rio de Janeiro: Editora Nova Fronteira, 1995.

CONFUCIUS. **The Analects.** Translated with an introduction by D.C. Lau. England: Penguin Group, 1979.

FACKENHEIM, Emil L. "A Treatise on Love by Ibn Sina". **Medieval Studies**, VII (1945): 208-228.

FERMI, Laura; BERNADINI, Gilberto. **Galileo and the Scientific Revolution**. New York: Basic Books, 1961.

FREITAS, Wantuil de. Mínimus. **Síntese de O Novo Testamento**. 4. ed. Rio de Janeiro: FEB, 1979.

HOLTON, Gerald. "I. I. Rabi As Educator and Science Warrior." **Physics Today**, Volume 52, Issue 9, September 1999, pp.37-42, American Institute of Physics.

HORTON, Stanley. **A vitória final – Uma investigação exegética do Apocalipse**. Rio de Janeiro: CPAD, 1995.

HUGO, Victor. **Les Misérables**. Paris: Gallimard, 1951.

John F. Kennedy Speech, June 10, 1963. Commencement Address at American University. John M. Reeves Athletic Field, American University. Washington, DC. URL: http://www.archive.org/details/jfks19630610, último acesso em 19/8/2011.

KARDEC, Allan. **A Gênese**. 32. ed. Rio de Janeiro: FEB, 1988.

___________. **O Evangelho Segundo o Espiritismo**, 114. ed. Rio de Janeiro: FEB, 1997.

LAI, C. H. and KIDWAI, Azim (editors). **Ideals and Realities: Selected Essays of Abdus Salam**. Singapore: World Scientific Publishing Co. Ltd, 1989.

LACERDA, Nair. **A Reencarnação através dos séculos**. São Paulo: Pensamento, 1978.

LUTERO, Martim. **Da Liberdade Cristã**. 3. ed. Tradução Leônidas Boutin e Heinz Soboll. São Leopoldo: Sinodal, 1979.

MAETERLINCK, Maurice. **Les Sentiers dans la montagne**. Paris : Eugène Fasquelle, 1919.

MAREGA, Marisa. **O livro de Madre Teresa de Jesus — Petrópolis, Juiz de Fora, Itaguaí**. São Paulo: Musa, 1999.

MARTHA DE DEUS. **Respeitem esse homem (Alziro Zarur)**. Rio de Janeiro: Edições Eco, 1963.

MENEZES, Bezerra. **Espiritismo, Estudos Filosóficos**. São Paulo: FAE, 2001. 3v.

MITEV, Tihomir. **50 Nobel Laureates and Other Great Scientists Who Believe in God.**

O Mahabharata de Krishna-Dwaipayana Vyasa. Traduzido do sânscrito para o inglês por Kisari Mohan Ganguli. Traduzido para o português por Eleonora Meier. Texto de domínio público.

O que é a Oomoto?. Vol. 2 (coletânea). Jandira: Associação Religiosa Oomoto do Brasil, 2004.

PAIVA NETTO, José de. **Apocalipse sem Medo**. 18. ed. São Paulo: Elevação, 2000.

___________. **As nações caminham na direção do Espírito**. No prelo.

___________. **As Profecias sem Mistério**. São Paulo: Elevação, 1998.

___________. **Cidadania do Espírito**. No prelo.

___________. **Diretrizes espirituais da Religião de Deus**. 7. ed. São Paulo, 1987, v. 1.

___________. **Diretrizes espirituais da Religião de Deus**. 1. ed. São Paulo, 1987, v. 2.

____________. **Diretrizes espirituais da Religião de Deus**. 3. ed. São Paulo, 1987, v. 3.

____________. **Livro de Deus — Religião, Filosofia, Ciência e Política de Deus**. 25ª ed. Rio de Janeiro: Religião de Deus, 1982.

____________. **O Brasil e o Apocalipse**, São Paulo: Legião da Boa Vontade. 1984, vol. I; 1996, v. III.

____________. **Paiva Netto — Crônicas e Entrevistas**. São Paulo: Elevação, 2000.

____________. **Reflexões da Alma**. 54. ed. São Paulo: Elevação, 2004.

____________. **Somos todos Profetas**. 44. ed. rev. São Paulo: Elevação, 1999.

PERSCH, Padre Léo. **Parusia ou a próxima volta de Cristo**. Porto Alegre: Secretariado Rainha da Paz.

____________. **Um só Evangelho ou Harmonia dos Evangelhos conforme o texto original grego**. São Paulo: Edições Paulinas, 1952.

POLYBIUS. **Histories**. Translated by Evelyn S. Shuckburgh. London, New York: Macmillan, 1889; Reprint Bloomington, 1962.

Revista Boa Vontade nº 26, agosto de 1958. Rio de Janeiro: Boa Vontade, n. 26, ago. 1958.

Revista Jesus Está Chegando. São Paulo: Elevação, n. 62, 1999.

Revista Jesus Está Chegando. São Paulo: Elevação, n. 102, 2008.

Revista Jesus Está Chegando. São Paulo: Elevação, n. 105, 2009.

Revista Paz para o Milênio. 1. ed. São Paulo: Religião de Deus, 2000.

Revista Sophia. Brasília: Ed. Teosófica, ano 7, n. 27, jul. set. 2009.

REZENDE, Jonas. **O Apocalipse de Simão Cireneu**. Rio de Janeiro: Relumá Dumará, 1998, p. 207. Nova versão, ampliada e modificada de *O fim do milênio e o apocalipse*.

RICHARD, Pablo. **Apocalipse — Reconstrução da Esperança**. Petrópolis: Vozes, 1996.

ROTTERDAM, Erasmo de. **The Praise of Folly**. Traduzido do latim para o inglês, com ilustrações de Hans Holbein. London: Hamilton, Adams & Co; Glasgow: Thomas D. Morison, 1887.

ROUSTAING, Jean-Baptiste. **Os Quatro Evangelhos — Espiritismo Cristão ou Revelação da Revelação**. 5. ed. Rio de Janeiro: FEB, 1971, v. 3.

RUMMEL, R. J. **Democide: Nazi Genocide and Mass Murder**. New Brunswick, NJ: Transaction Publishers, 1992.

SCHNEIDER, Wolf. **De Babilônia a Brasília**. = Überall ist Babylon. Tradução de Guttorm Hanssen. 2. ed. São Paulo: Boa Leitura.

SCHRÖDINGER, Erwin. **Nature and the Greeks**. Cambridge: University Press, 1954.

SCHUTEL, Cairbar. **Interpretação Sintética do Apocalipse**. Matão: Casa Editora O Clarim, 1918.

SIDARTA GAUTAMA (Buda). **Sutta Pittaka.** Traduções dos *suttas* do páli para o inglês feitas por reconhecidos tradutores, incluindo: Thanissaro Bhikkhu, Maurice Walsh, Bhikkhu Boddhi, Narada Thera, T. W. Rhys Davis, Bhikkhu Ñanamoli, Nyanaponika Thera, Piyadassi Thera, Narada Thera, David J. Kalupahana, John D. Ireland, F. L. Woodward, H. Saddhatissa e V. Fausboll. Tradução do inglês para o português feita por Michael Beisert, com a revisão de Yvone Beisert. URL: http://www.acessoaoinsight.net/, último acesso em 19/8/2011.

SMITH, Uriah. **As Profecias do Apocalipse.** 1. ed. Itaquaquecetuba/SP: Edições Vida Plena, 1991.

STACKELBERG, Roderick. **A Alemanha de Hitler: Origens, Interpretações, Legados**. Rio de Janeiro: Imago, 2002.

TARQUÍNIO de Sousa, Octavio (org.) **O Pensamento Vivo de José Bonifácio**. São Paulo: Livraria Martins, 1945.

TOCQUEVILLE, Alexis de. **A Democracia na América.** Belo Horizonte: Itatiaia; São Paulo: USP, 1987.

UBALDI, Pietro. **Profecias.** Rio de Janeiro: Fundapu, 1987.

United States of America. **Congressional Record: Proceedings and debates of the 104th Congress First Session**. Volume 141 — Part 24. November 20, 1995 to December 5, 1995, pp. 35003.

VALLE, Sérgio. **Silva Mello e os seus Mistérios**. São Paulo: Lake, 1959, p. 394.

VERMA, Surendra. **Ideias Geniais — Os principais teoremas, teorias, leis e princípios científicos de todos os tempos**. 2. ed. Tradução Carlos Irineu da Costa. Belo Horizonte: Gutenberg, 2011.

XAVIER, Francisco Cândido. Emmanuel. **A Caminho da Luz**. 16. ed. Rio de Janeiro: FEB, 1939.

____________. Emmanuel. **Mediunidade e Sintonia.** São Paulo: Editora Cultura Espírita União, 1986.

____________. André Luiz. **Entre a Terra e o Céu**. 5. ed. Rio de Janeiro: FEB, 1972.

____________. André Luiz. **Missionários da Luz**. 30. ed. Rio de Janeiro: FEB, 1998.

ZARUR, Alziro. **Mensagem de Jesus para os Sobreviventes**. 24. ed. Rio de Janeiro: Legião da Boa Vontade, 1978.

A tradução das citações originalmente em inglês, nas páginas 148, 149, 211, 215, 229, 233 e 305, foi feita por Alexandre Herculano Rueda e Gerdeilson Botelho. Com a revisão de Josué Bertolin e Raquel Bertolin.

Índice de nomes

Índice de matérias

Biografia

José de Paiva Netto, escritor, jornalista, radialista, compositor e poeta, nasceu em 2 de março de 1941, no Rio de Janeiro/RJ, Brasil. É diretor-presidente da Legião da Boa Vontade (LBV), membro efetivo da Associação Brasileira de Imprensa (ABI) e da Associação Brasileira de Imprensa Internacional (ABI-Inter). Filiado à Federação Nacional dos Jornalistas (Fenaj), à International Federation of Journalists (IFJ), ao Sindicato dos Jornalistas Profissionais do Estado do Rio de Janeiro, ao Sindicato dos Escritores do Rio de Janeiro, ao Sindicato dos Radialistas do Rio de Janeiro e à União Brasileira de Compositores (UBC). Integra também a Academia de Letras do Brasil Central.

Entre as inúmeras homenagens recebidas, foi agraciado com a Medalha do 1º Centenário da Academia Brasileira de Letras (ABL), nomeado Comendador da Ordem do Rio Branco, pelo Ministério das Relações Exteriores, e condecorado com o Grau de Comendador, pelo Conselho da Ordem do Mérito Aeronáutico, e com a Medalha do Pacificador, pelo Ministério do Exército brasileiro.

Filho primogênito de Idalina Cecília (1913-1994) e Bruno Simões de Paiva (1911-2000), que tiveram como padrinho de casamento Dorival Caymmi (1914-2008), e irmão de Lícia Margarida (1942-2010). Sua infância e juventude foram marcadas por uma preocupação incomum com temas espirituais, filosóficos, educativos, sociais, políticos, científicos e econômicos, além de um profundo senso de auxílio aos necessitados.

Estudou no tradicional Colégio Pedro II, na capital fluminense, do qual recebeu o título de Aluno Eminente, sendo homenageado com placa de bronze na sede desse conceituado Colégio-Padrão. Em 1956, ainda adolescente, iniciou sua jornada vitoriosa ao lado do saudoso fundador da Instituição, o pensador, jornalista, radialista, escritor, poeta brasileiro Alziro Zarur (1914-1979). Foi um de seus principais assessores durante quase um quarto de século. Para se dedicar totalmente à LBV, abandonou sua vocação para a Medicina. Mais tarde, tornou-se secretário-geral da Legião da Boa Vontade (cargo equivalente ao de vice-presidente) e, com o falecimento de Zarur, sucedeu-o.

Compositor e produtor musical, foi aluno do professor Homero Dornelas (1901-1990), assessor do notável Villa-Lobos (1887-1959). Elaborou a *Marcha dos Soldadinhos de Deus*, interpretada pela primeira vez em 21/4/1960, por meninos amparados pelo Instituto São Judas Tadeu, no Rio, onde colaborava como voluntário. A apresentação foi uma homenagem a Brasília, que o presidente Juscelino Kubitschek (1902-1976) inaugurava naquela data.

À frente da Legião da Boa Vontade desde 1979, multiplicou os programas de Promoção Humana, Social e Educacional da Instituição, por exemplo, com suas escolas-

-modelo, as quais servem para projetos ainda maiores, a que ele se tem dedicado há bastante tempo: a reeducação com Espiritualidade Ecumênica, consubstanciada na Pedagogia da Boa Vontade, que propõe um modelo novo de aprendizado, aliando Cérebro e Coração. Ela possui fundamentalmente dois segmentos: Pedagogia do Afeto e Pedagogia do Cidadão Ecumênico. Essa proposta educacional, cuja metodologia é aplicada com sucesso na rede de ensino e nos programas socioassistenciais desenvolvidos pela Legião da Boa Vontade, está presente também nos lares para a Terceira Idade e Centros Comunitários de Assistência Social.

É um trabalho que não tem fronteiras e empolga outras nações. Atualmente, essa iniciativa solidária é desenvolvida pela Legião da Boa Vontade da Argentina, do Paraguai, do Uruguai, da Bolívia, de Portugal e dos Estados Unidos, além de diversas outras regiões do mundo.

A LBV foi a primeira organização do Terceiro Setor do Brasil a associar-se ao Departamento de Informação Pública das Nações Unidas (DPI), a partir de 1994. Em 1999, tornou-se também a primeira associação civil brasileira a conquistar na ONU o *status* consultivo geral no Conselho Econômico e Social (Ecosoc). E, em 2000, passou a integrar a Conferência das ONGs com Relações Consultivas para as Nações Unidas (Congo), em Viena, na Áustria. Por sinal, no Ecosoc tem participado ativamente das principais reuniões do Órgão, contribuindo com importantes documentos e publicações, editados em diversos idiomas e entregues a chefes de Estado, conselheiros ministeriais e representantes da sociedade civil. Entre esses materiais, destaque para as revistas *Sociedade Solidária*, *Paz para o Milênio* e *Globalização do Amor Fraterno*. Esta última, encaminhada para a reunião do *High-Level Segment 2007*, realizada no Palais des Nations, escritório central da ONU em Genebra (Suíça), foi recebida com muito entusiasmo pelo secretário-geral das Nações Unidas, Ban Ki-moon, quando de sua visita ao estande da LBV no evento. O secretário referendou seu apoio à LBV ao assinar a capa da revista e ratificou seus votos de muito sucesso para a Boa Vontade. Além do papel de mobilizar a sociedade civil em torno dos oito Objetivos do Milênio, a LBV é cofundadora do Comitê de Espiritualidade, Valores e Interesses Globais, na ONU, e participa do corpo executivo.

Em 21 de outubro de 1989, Paiva Netto fundou, em Brasília/DF, capital do Brasil, o Templo da Boa Vontade (TBV), com a presença de mais de 50 mil participantes. O TBV é o polo do Ecumenismo Irrestrito, que preconiza a conciliação de todas as criaturas e povos da Terra, e do Ecumenismo Total, que proclama a urgente necessidade da comunhão entre a Humanidade da Terra e a Humanidade do Céu.

Paiva Netto ainda criou, para propagar a Cidadania Espiritual (conceito preconizado por ele), a Super Rede Boa Vontade de Comunicação (TV, rádio, internet e publicações).

É autor de vários *best-sellers*, com mais de 4,7 milhões de livros vendidos, e tem artigos publicados em importantes jornais e revistas do mundo todo, por exemplo: *Diário de Notícias*, *Jornal de Coimbra*, *Correio da Manhã*, *Jornal de Notícias*, *O Primeiro de Janeiro*, *Notícias de Gaia*, *Voz do Rio Tinto*, *Jornal da Maia* e *O Público* (Portugal); *Time South*, *Jeune Afrique* e *African News* (África); *Daily Post* (circulação internacional); *Clarín* (Argentina); *Jornada* (Bolívia); *El Diário Notícias* e *ABC Color* (Paraguai); *El Pais* (Uruguai); e para a *International Business and Management*, além de outros destacados veículos do Brasil e do exterior.

Sobre esse aspecto de sua personalidade, o escritor norte-americano Errol Lincoln Uys observou: *"Paiva Netto, sendo um homem prático, não deixa de ter alma de poeta"*. Segundo a definição do eminente professor, jurisconsulto e tratadista José Cretella Júnior, *"é um exímio estilista, sempre em dia com as novas"*. E, na opinião do mestre de professores Moacir Costa Lopes (1927-2010), *"é um escritor de muito talento"*.

Correspondência para o autor:
Rua Sérgio Tomás, 740 — Bom Retiro
São Paulo/SP — CEP 01131-010
***E-mail*: paivanetto@lbv.org.br**

BOA VONTADE TV

NET

CIDADES: AMAZONAS: Manaus; RIO DE JANEIRO: Angra dos Reis, Barra Mansa, Resende; SÃO PAULO: Americana, Araçatuba, Araraquara, Araras, Catanduva, Hortolândia, Itapetininga, Limeira, Mogi-Guaçu, Mogi-Mirim e Rio Claro.

SKY (canal 23)

Saiba se a sua cidade tem cobertura da Boa Vontade TV pelo tel.: (11) 3225-4500 ou acesse www.boavontade.com

Reeducar — Rede Educação e Futuro de Televisão
Canais 11 e 40 (Digital) — São José dos Campos/SP. Geradora Educativa da Fundação José de Paiva Netto (FJPN).

SUPER REDE BOA VONTADE DE RÁDIO

24 horas no ar

AM 1230 kHz - São Paulo/SP • AM 940 kHz - Rio de Janeiro/RJ • AM 1300 kHz • OC 25 m - 11.895 kHz e OC 31 m - 9.550 kHz e OC 49 m - 6.160 kHz - Porto Alegre/RS • AM 1210 kHz - Brasília/DF • FM 88,9 MHz - Santo Antônio do Descoberto/GO • AM 1350 kHz - Salvador/BA • AM 610 kHz - Manaus/AM • AM 550 kHz - Montes Claros/MG • AM 550 kHz - Sertãozinho, região de Ribeirão Preto/SP • AM 1210 kHz - Uberlândia/MG.

Assista à TV e ouça a Rádio pela internet: www.boavontade.com